起業

神100則

[著] 新井 一

SOGO HOREI PUBLISHING CO., LTD

はじめに

あなたは、こんな悩みや疑問を抱いたことはありませんか？


「このままの収入で、将来がどうなるのか分からなくて不安」

「限られた時間を一緒にいたくない人のために使いたくない」

「やりたいことはあるけど、どうしたらいいのか分からない」

「仕事が楽しくない。けど、次に何をすべきか決められない」


少しでもこんな思いがよぎったことのある人は、「起業」という世界を覗いてみるのもいいかもしれません。さて、本書を手に取っていただきありがとうございます。起業支援キャリアカウンセラーの新井一と申します。会社員のまま起業準備を進められるコミュニティ「起業18フォーラム」の代表を務めています。もうかれこれ25年にわたり、起業を目指す会社員の皆さまをサポートしてきました。その立場からお話しさせていただくと、今は**起業を志す人にとって、ずいぶんと恵まれた時代になりました**。学歴や職歴、現在のお金の多寡にかかわらず、やろうと思えば誰でも起業できる。そんな時代になりました。

ここ数年で、世の中には「パンデミック」「リモートワークの普及」という大きな変化が訪れました。働き方を見直すきっかけとなった人も多いでしょう。しかし、この変化がもたらしたものは、我々にとって何もマイナスなことばかりではありません。起業を検討している人にとっては追い風が吹いています。事実、**実現できる起業の選択肢は大きな広がりを見せています**。起業支援の専門家である私としては、まるでインターネットが世に解き放たれたときのような、あるいはスマートフォンが人々の生活を一変させたときと同じような衝撃さえあります。

もう一つ大きな変化があります。**制度面での環境整備が進んできた**ことです。税金、物価の高騰、金利の上昇など、私たちの仕事や生活に直結する不安は尽きることがありません。私の周りでも「自分はこのまま定年まで安泰だ」などと言っている人はいなくなりました。これまでは、こうした不安への対応はあくまで「個人」に任されていました。貯金をしたり、より安定した給料の会社に転職したり、スキマバイトや副業を行ったり、ＮＩＳＡで投資をしたりするのが一般的なアプローチだったと思います。

しかし、今そこに「起業」という選択肢が加わっています。

定年延長や社会保険の負担増を企業や現役世代に課すのには限界があります。これからは、起業を支援することで新たな雇用を生み出したり、生涯現役を実現できる人や納税側に回るシニア層を増やしたりすることも視野に入れなければならない。そのためかどうかは定かではありませんが、国や自治体はさまざまな支援制度を整備し始めています。

しかし、支援制度が整備され始めているとはいえ、起業にはリスクが伴い、初めて挑戦する人にとって決して簡単なことではありません。右も左も分からない。そんな状態でスタートしようものなら、大金を失ったり、多くの人に迷惑をかけてしまう可能性もあります。そこで、私は最初の起業を検討し始めた人に「まずは練習しましょう！」と提案しています。つまり、会社員としての生活を続けながら、小さくスタートすることをおすすめしているのです。

本書は、私がこれまでに起業を考える会社員の方々、延べ6万人以上と接してきた経験に基づいて書かれています。「**これだけ覚えておけば何とかなる**」という基本的な知識や起業家としてのあるべきスタンスを中心に、起業に役立つ100のノウハウを厳選しました。この本を参考にしていただければ、確実にスタートを切るための第一歩を踏み出せると思います。起業家が普段どんなことを考えているのか知りたい、これまでどんなことで失敗してきたのか知りたい。そんなご要望にもお応えしています。

日本経済の国際的な地位は、著しく低下してしまいました。

未来を生きる子どもたちのためにも、今を生きる私たちの世代で「失われた30年」に終止符を打つことができるでしょうか？　その答えは、一人ひとりの決意と行動にかかっています。まずは、本書を手に取っていただいたあなたが、その変革の一端を担ってほしい。きっとその一歩が、子どもたちの未来も、私たちの未来をも明るく照らすでしょう。

それでは、新しいチャレンジの扉を開きましょう！

今日もあなたらしく、笑顔で。

新井　一

CHAPTER 1

起業の本質

CHAPTER 2

起業の常識・新常識

CHAPTER

3

ビジネスの奔流を乗りこなして起業する

CHAPTER 4

これだけは知っておきたい起業に必要な知識

CHAPTER 5

起業がうまくいっている人の心得

ブックデザイン：木村勉
DTP・図表：横内俊彦
校正：新沼文江
編集協力：宇治川裕
編集：市川純矢

CHAPTER 1

起業の本質

a BUSINESS

001 起業とは何か

まずお伝えしたいのは、「起業とは一体何なのか」ということからです。

「収入」というものさしで見てみると、その実態がより明確になるかもしれません。

2024年現在、総務省の調べによると日本には1億2400万2000人が住んでいます。国税庁のデータによると、そのうち約4割の5077万6000人が給料を得て仕事をしています。そして、3割近い約3500万人が年金で生活しています。つまり、**日本の人口の約7割が何らかの形で定期的な収入を得て暮らしている**のです。ここから分かるのは、ほとんどの人が会社に勤めたり、パートやアルバイトをしたり、国から年金をもらったりして、毎月決まったお金が振り込まれるのを待っているということです。この状況はアメリカやヨーロッパでも大きくは変わりません。同じように約4～5割の人が給与収入に頼り、2～3割の人が年金などの公的資金で生活しているのです。いわば、**定期的な収入を得て暮らすことは人間にとってのスタンダードな生き方**なのかもしれません。

ところが、起業の世界に一歩足を踏み入れるとその景色は一変します。当然、定期的な収入など保証されていません。たとえ法人化して役員報酬を設定したとしても、毎月同じ売上や利益が確保できるわけではありません。**この世界に飛び込んだ人に最初に待ち受けている試練は、「安定した収入」とお別れすること**と言ってもいいでしょう。

では、これまで起業してきた人たちは一体どのようにしてお金を生み出してきたのかというと、自分自身で「事業」を立ち上げて、商品やサービスを提供することで収入を得ているのです。事業とは、「利益を得ることを目的とした活動」のことを言います。そして、その**事業を設計し、組み立て、実行していくのが「起業」**ということになります。

起業の本質的な特徴は、事業を通じて収入を得ることにありますが、事業の内容は驚くほど自由です。物を販売して収入を得ることもあれば、物件を貸し出して家賃収入を得ることもあります。また、誰かの業務を代行したり、ノウハウや専門知識を教えたりすることも1つの方法です。コミュニティを作り上げ会費を徴収する方法や、イベントを主催して収入を得る人もいます。つまり、**起業とは「多岐にわたる事業の中から自分に合ったものを見つけ出し、それを形にしていく自由で創造的なプロセス」**なのです。

起業の魅力とは、やはりその「自由さ」と「可能性」にあると思います。皆さんも思い当たる節があるかもしれませんが、本業の会社から安定した給料を得るためには、さまざまな制約を受け入れる必要がありますよね。例えば、自分がやりたくない仕事を無理やりやらされたり、定時という枠に縛られたり、やりたい仕事があっても予算が限られていたり。時には、苦手な上司や取引先の指示に従わなければならない、なんてこともあるかと思います。

もう、同じ会社にずっと勤め続ける時代ではありません。自分自身や家族の未来をしっかりと考えたときに、本当にベストな選択肢は何なのでしょうか。正社員としてより高い給料を求めるがあまり何度も転職を繰り返したはいいもの、その結果、退職金が少なくなってしまい、人生設計に必要なお金が足りない…なんてことも起こり得ます。また、健康上の理由で働けなくなった場合、そのときのお金をどうするのか、そもそも定年まで会社にいられるのか、なんて不安もあるでしょう。さらに、仕事に追われてしまい、大切な家族と過ごす時間がほとんどないなどの問題も見過ごすことができません。

今の時代、多様化が進んでいます。「ワークライフバランス」や「柔軟な働き方」なんて言葉が飛び交うこの世の中で、ただ定期収入を得るために一つの選択肢に固執することが、果たして最善の方法だと言えるのでしょうか？　私は少し疑問に思います。

STARTING a BUSINESS

002

起業家に必要な両輪

起業という言葉には、大きく分けて二つの意味があります。第一に、**「新しいことを始める」**ということ。これは、まだ誰も手をつけていない領域に足を踏み入れ、新たに挑戦することを意味しています。そして第二に、**「新しいことを始めるリスクを引き受ける」**ということです。自分の身の回りで考えてみてください。就職する、恋人と付き合う、今まで入ったことのないお店に入ってみる。これらの新しいことは全てリスクと隣り合わせの行為です。就職した会社が期待外れだった、恋人と金銭感覚や価値観が合わなかった、おいしそうだと思って入ったお店がそんなにおいしくなかった。すると、時間やお金を失ったものの、満足いく結果は得られなかったという事実だけが残ります。新しいことを始めるには、こういった「リスク」が付きものです。もちろん、起業も同じです。

起業家のことを英語で「アントレプレナー（entrepreneur）」と呼びますが、この言葉にも先ほどと同じように二つの意味があります。一つはフランス語の「entreprendre」に由来し、これは**「何かを始める」「企てる」**という意味を持っています。つまり、**起業とは単に「事業を始める」ことにとどまらず、その背景には利益を追求するという「目的」がある**のです。「起業しました！」と宣言するだけでは、アントレプレナーとは言えません。事業を始めるだけでは足りず、その事業によって利益が生まれて初めて「起業」になります。

ちなみに、フランス語の「entreprendre」は中世ラテン語の「interprendere」に由来し、この言葉には「取る」または「引き受ける」という意味も含まれています。これは簡単に言えば、**「新しいことを始めた自分を受け入れる」**ということです。例えば、朝いつもより10分だけ早く起きるとか、帰り道に一駅手前で降りて歩いて帰るなどのように習慣を変えようとするとき、つい「嫌だな」と思ったり、「面倒だな」と感じたりするものです。起業も同じです。「このやり方で合ってるかな？」「こんなことをやっていて本当に大丈夫かな？」「お金が足りない。どうしよう…」と不安になることもありますが、そういった変化につきまとう心配事を込みで新しいことを始めた自分を受け入れる。これが、アントレプレナー（起業家）に求められるもう一つの側面です。

もちろん、これまでの生活を大きく変えることは簡単ではありません。**重要なのは、自分が少し頑張ることで引き受けられるリスクを見極める**ことです。

筋トレと似ています。筋トレを始めたとき、最初にやってくるのは「筋肉の痛み」や「疲労」などの抵抗です。トレーニングの初期段階では、体が新しい刺激に慣れようとしているため筋肉痛やだるさがついて回ります。しかし、その痛みを乗り越え、週に1回、2回と徐々に回数を増やし、継続してトレーニングを行うことで、筋肉は強くなります。すると、以前はできなかったことができるようになる。最初は10回で限界だったのに、翌週には20回できるようになり、1ヵ月後には50回できるようになる。こうした成長過程によって、体つきが変わるだけでなく、「自分ならやればできる！」「昨日より前に進んでる！」というメンタルの強さや自信が育まれるのです。

「新しいことを始める」という行動。

それによって変化する「新しい自分を受け入れる」という心構え。

この両輪を兼ね備えている人こそ、起業家と言えます。

STARTING a BUSINESS

003

起業の最大のメリットは「自由」であること

起業のメリットは多岐にわたりますが、一言で言えば「自由」であることです。

この「自由」には、大きく分けて四つのタイプがあります。

第一に挙げられるのが「**収入の自由**」です。

収入を得る事業に制約が少なく、究極的に言えば、事業化できるのであればどんなアイデアでもいいことになります。よく「**このアイデアを事業にしてもいいですか?**」**といった質問をいただきますが、答えは常に「はい」です。**特定の形式や内容に縛られることはありません。

自分の好きなことや趣味をベースにした事業でも構いませんし、自分が得意とすることや持っている強みを生かしたものでもいい。また、パートナーや家族が生み出したアイデアを事業として展開するのもありです。重要なのは、自分が「続けられる」と感じるものであること。それが実現できるのであれば、どんな形の事業でも構いません。

趣味の虫の飼育を起点に起業した人がいます。彼は「黒いダイヤ」と称されるオオクワガタを飼育し販売することで成功を収めました。オオクワガタは一匹で10万円することもあり、最終的には年商が1億円を超えるまでに至りました。最初はただの趣味であっても、事業化することで、会社員としての給料を大きく上回る収入を生み出すこともできます。

さらに、**事業の収益は自分の創意工夫によって、いくらでも増やすことができます**。先ほどの例で言えば、オオクワガタを販売するだけでなく、その飼育過程に工夫を加えることで収入を最大化することができます。成虫になるまでには時間と手間、そしてコストがかかりますが、幼虫を販売するという方法を取ることで、飼育にかかる負担を大幅に軽減できます。オオクワガタは毎年約50個の卵を産むため、幼虫を販売することで手間とコストを削減し、効率的に収益を上げることもできるのです。

第二に「**時間の自由**」があります。

会社勤めとは異なり、自分の働く時間を自由に決められます。例えば、午後から働きたいのであれば、その時間に合わせて仕事のスケジュールを組み立ててもよし。もし1日3

時間しか働きたくないのであれば、仕事をその時間内に終わらせるように設計するもよし。もちろん休憩時間も自由です。1時間働いて2時間休んでもいい。30分ごとに休憩を入れてもいい。トイレが近い、腰痛で長時間座っているのがつらい、朝がどうしても苦手といった個人的な理由があっても、誰にも遠慮することなく自分のペースで働けます。

全てが自由裁量のため、目先のルーティンワークよりも次の事業計画が重要だと判断すれば、その作成に多くの時間を配分しても問題ありません。誰もとがめることはありません。**起業家に求められるのは結果を出すこと**です。つまり、柔軟な時間の使い方と自己管理によって、成果を上げることなのです。誰かに雇われて働いている場合、業務の時間配分はあらかじめ決められており、その時間内で効率を最大化することが求められます。これには理由があり、長年の慣習などによってその時間内で働くことが最も効率的であるとされているからです。確かに効率的ではあると思いますが、全員がそれに当てはまるわけではありません。窮屈に感じる人もいて当然です。

この先さらなる高齢化社会が進むにつれて、家族の介護に時間を割かれる人も増えてくるでしょう。特に中小企業に勤めている場合、家族の体調が悪化しても簡単には休めないのが実情です。大企業や官公庁とは異なり、少人数の企業ではどうしても周囲への配慮が必要で調整が難しくなります。時間の自由があれば、家族の介護が必要な場合でも自分のペースで休むことができ、その後も自分の責任で仕事の遅れを取り戻すことができます。

第三に**「場所の自由」**があります。

新型コロナウイルスのパンデミック以降、リモートワークが普及し、場所にとらわれない働き方が広まりました。しかし、誰かに雇われている場合、原則として会社や自宅などの決められた場所にいることが義務付けられています。もちろん、決まった場所で仕事をするほうが効率的に感じる人もいます。しかし、その場所がわざわざ通勤していく事務所に限定されているよりも、自宅やカフェ、あるいはお気に入りのコワーキングスペースなど、さまざまな場所で仕事ができる選択肢を持っておくに越したことはないでしょう。

どこで仕事をするのか決めるのは自分自身です。レンタルオフィスを利用するもよし、自宅で作業するのもよしです。リモートワークに適した形で仕事を設計すれば、地方を転々としながら仕事をすることも、インターネットさえあれば国内外どこでも仕事をすることも可能です。決まった場所に「いなくてはいけない」のと、「いてもいい」とでは大きな違いがあります。

第四に「**交流の自由**」が挙げられます。

会社員として働いていると、仕事と職場の往復で一日が終わってしまい、職場にいる同僚としか交流しないという人も多いでしょう。それ自体が悪いわけではありません。チームで働く喜びや、共に切磋琢磨する仲間がいることの大切さは言うまでもありません。仕事を進める上での大きな支えとなります。

しかし、もし職場以外に交流がない場合、常に似たような価値観を持つ人たちとだけ接することになり、視野が狭くなってしまうことがあります。多様な職業、立場、地域、異なる社会的役割を持つ人と交流するからこそ、多くの知見を得ることができるのです。

特に、交流に関しては起業の準備活動を進める段階から大きな影響を及ぼします。YouTubeを観るだけでは得がたい知識、生の声、貴重な関係性が待っている場でもあります。新たなビジネスチャンスはこうしたさまざまな人との交流から生まれることが多いものです。

人との交流には時間やお金がかかることもあり、時には煩わしさを感じることもあります。しかし、その投資は結果として自分の人生を豊かにしてくれるものです。

STARTING a BUSINESS

004

起業の最大のデメリットも「自由」であること

前項では起業のメリットを挙げましたが、デメリットがあることも見逃してはいけません。

一つ挙げるとすれば、それは「**自由であること**」という、メリットをそのまま裏返したような矛盾した側面でしょう。

まず浮かび上がるのは「**お金**」の問題です。

起業をすると、良くも悪くもお金に関して「自由」になります。会社員であれば、毎月決まった額が確実に振り込まれるのが当たり前です。振り込みが遅れることもほとんどないため、その繰り返しが安心感となって自分を支えてくれます。この安心感があるからこそ、計画的に旅行に出たり、おいしいお店で食事を楽しんだりと、支出を考える際にも余裕が生まれます。

安定した会社であれば、将来にわたる計画も立てやすく、数十年先の住宅ローンを組むことや、子どもに十分な教育を施すこともできます。つまり、会社員であれば、人生の計画を立てるという安心感を持つことができるのです。

起業して生計を立てる場合、事業の状況によって自分の取り分が大きく変動するため、長期的な計画を立てるのは難しくなります。売上が下がれば、収入がゼロになることもあり得ます。売上が立っても、取引先によっては振り込みが1～2カ月先になることも少なくありません。運転資金や生活費を賄うために借金をしなければならないこともあります。「勘定あって銭足らず」という言葉があります。これは、帳簿上の収支では儲かっているのに、実際には現金が不足しているため、商品の仕入れができなかったり、外注費の支払いができなかったり、生活費が足りなくなったりすることがあるという意味です。この言葉が示すように、現金が足りなくなれば、たとえ黒字であっても事業は存続できません。

第二に、**「自由すぎて、何をすれば稼げるのかが分からない」**ということが言えます。

事業における自由さとは、つまり、自分で考え、時間やお金を投資し、何が収益を生むのかを探り出さなければならないことを意味します。会社員であれば、各自が組織の一員であるため、マーケティング部門が専門的な分析を行ったり、既存の取引先の要望から売れる商品やサービスを予測したり、計画を立てたりすることができます。これらのチームプレーなしに、**ゼロの状態から稼げる事業を構築するのは容易なことではありません。**

一方、自分自身で商品やサービス、ブランドを築いてビジネスを行う場合、サポートは皆無で、全ての問題は自分の責任となります。お客さまの反応がダイレクトに伝わってくるため、それを受けて柔軟に対応し、変化する姿勢が求められます。この対応力が「稼ぐ力」の向上につながり、長く事業を継続するための大切な力になります。

自分で事業を考えることのハードルの高さから、成功している事業を引き継いだり、ライセンスを購入して起業したりする人がいます。確かにこれも一つの手ですが、ロイヤリティの負担や制約の多さ、自由度の低さ、さらには本部との人間関係から、結局会社員時代と同じような悩みを抱えることも少なくありません。その上、これでは既存のビジネスを維持するノウハウは学べても、ゼロから立ち上げるプロセスを経験することはできません。

第三に、**「時間が自由すぎる」**ということ。

起業すると、働く時間も休息も睡眠時間も全てが自由になります。「自由」=「ゆとりができる」と思いきや、意外にも自由が原因で長時間労働を招くことが少なくありません。例えば、コンサルティングやコーチング、カウンセリング、さらには講師業といった、自分自身が商品となる業種では、自分が動かない限りビジネスは成り立ちません。ですから、依頼が増えれば増えるほど、「自由な時間」は次第に削られ、結局は働き続けることになります。

金銭的な報酬だけでなく、直接的な感謝の言葉が自分に返ってきたり、仕事によって承認欲求が満たされたりすることもあるので、その誘惑に抗うのは難しいものです。しかし、そうしてキャパシティを超えた仕事量が続くと、健康に影響が出るだけでなく、家族関係にも亀裂が入りかねません。最悪の場合には、事業そのものの継続が難しくなるという事態に陥ることもあります。ですから、働きすぎには十分に注意しなければならないのです。

時間が自由であるということが、必ずしも幸福やゆとりにつながるわけではありません。むしろ、その**「自由」をどう制御するかが、起業家にとっての大きな課題**となるのです。

逆に、仕事量が不足しているときは、余計なことばかり考えてしまい、不安がどんどん募ってしまいます。これが精神的に良くないのは言うまでもありません。だからこそ、こんなときこそ、意識的にリラックスする時間を作ったり、思い切って休みを取ったりすることが、実はとても大事なのです。

プログラミングなどの請負業においては、仕事量の見積もりが甘くなってしまうことがあります。そして、その結果、時間もお金も無駄にしてしまうことが多くなりがちです。クライアントは自分にできない業務を外部に委託するわけですが、その業務の量や下準備にかかる時間を、意外と正確に把握していないことが多いのです。彼らは自分の経験や基準に基づいて判断するため、こちらの認識とズレが生じることがあります。結果として、かけた時間や仕事量に見合った報酬が得られないこともあります。時間が自由であるが故に、あまりにも柔軟に対応しすぎると、都合よく扱われてしまいます。だからこそ、自分のキャパシティや仕事時間をしっかりと明確にし、ダラダラと長時間働かないための「自分ルール」を設定しておきましょう。

BUSINESS

005

起業家が大切にしている二つのもの

起業家や、これから起業しようとする人にとって、大切なものはたくさんあります。私はその中で最も大切なものは、「**継続する力**」と「**自分の個性と適性を生かすこと**」だと思います。実際、起業準備を始める人の多くが短期的な成果を求めがちで、数ヵ月のうちにあっという間に挫折してしまいます。会社に勤めていれば、毎月まとまったお金が振り込まれるわけです。そのサイクルに慣れてしまうと、自分で修正を重ねながら売上を伸ばしていくという過程が、面倒に思えてしまうのかもしれません。

でもそもそも、SNSに一回投稿しただけで、動画を一本アップしただけで、スキルシエアサイトにサービスを一つ登録しただけで、すぐにお客さまが殺到するなんてことはあり得ないのです。出社すれば仕事が待っている会社員とは、ここが決定的に違います。

極論を言えば、**簡単に参入できて、大きく稼げる事業を見つけられたら、それは最高のビジネス**だと言えるでしょう。しかし、例えば「せどり」のように、誰でも参入できるビジネスに手を出す人が必ず直面する問題があります。それは「差別化が非常に難しい」という現実です。競合他社がひしめき合っているため、あっという間に値崩れが起こります。利益がどんどん減っていき、撤退を余儀なくされる人も少なくありません。

「継続する力」がどれだけあっても、利益が出せなくなると、結局は「必要ない」と市場に判断され、半ば強制的に退場させられてしまうのです。それは、**「継続NG」という市場からのメッセージ**です。

思い出していただきたいのは、起業は一つの社会貢献活動の形だということ。誰かの役に立って、その「感謝」がお金として返ってくるのです。あなたの事業が多くの人の共感を得られるものであれば、そのサービスは必要とされ、多くの人の幸せを手助けできるでしょう。そうなれば人もお金も自然と集まります。

ただ稼ぐことだけを考え、右から左へ利ざやを抜くことだけを狙っていると、誰からも求められず、成果が出ないとすぐに嫌になってしまいます。でも、本気で「社会を変えたい」と思っているなら、多少の失敗なんて気にならないはず。トーマス・エジソンはこう言っています。「私は失敗したことがない。ただ1万通りのうまくいかない方法を見つけただけだ」と。

STARTING a BUSINESS

006

成功する起業家の共通点

私はこれまでに延べ6万人以上の「起業したい会社員」と接してきましたが、成功する人には共通点があることを知っています。それは、うまくいく人ほど、**「新しいことに挑戦するのではなく、自分の才能（適性）を生かしている」**ということです。「才能」とは、努力して身につけたスキルのことではありません。もともと上手で、無理せずともできてしまうこと。そして、続けるうちにどんどん上達し、何よりもそれ自体が楽しく感じられることです。

マインドフルネス瞑想指導者であり、森林療法士としても活躍している枡田智さんという方がいます。彼は『瞑想メソッドで始めるメンタル強化法　もう〝左脳〟に振り回されない』（大和出版）という本の著者なのですが、会社員時代はＩＴエンジニアとして活躍していました。エンジニアとして鍛えられたロジカルシンキングや言語化力などのスキルをベースに精神世界を分かりやすく解説し、今では起業家として成功を収めています。彼の成功は、自分がもともと持っている才能を最大限に生かした結果です。

しかし、実はそんな枡田さんが瞑想と出会ったのは、わずか3〜4年ほど前のこと。にもかかわらず、瞑想歴20年以上のベテランたちに対しても、堂々と瞑想を教えています。普通なら、年月だけで考えれば初心者扱いされてもおかしくないはず。それでもベテランたちに教え、瞑想を知りたいと考える多くの人々に影響を与えているのは一体なぜなのでしょう？　これこそ、多くの成功者に共通する**「自らの強みを最大限に生かす力」**です。

枡田さんのビジネスの軸は、彼の持つロジカルシンキング、言語化力、伝える力です。つまり「教えることがとてもうまい」という才能に、深く興味を持ち共感している「瞑想」を掛け合わせたのです。彼の「精神世界を理系脳で解説できる強み」は、ブログはもちろん、本の執筆といった「書く」という行為でも存分に発揮されています。前述の著書は配本後すぐに増刷が決まり、電子書籍でも驚異的なダウンロード数を記録しています。

教えることや解説することに秀でた才能を持つ人もいれば、専門家として特定の分野に精通している人や、物品の目利きができる人もいます。**才能（適性）には、さまざまな切り口がある**のです。「自分が得意なこと」や、「やっていて楽しく、つい夢中になってしまうこと」の中に、ビジネスチャンスが潜んでいます。

STARTING a BUSINESS

007

起業活動の核心は「信用の積み重ね」

前述したように、起業家は仕事そのものを生み出す存在です。一方、会社員は与えられた条件下でその仕事を遂行し、最適解を出す存在です。もちろん、会社員であっても常にアップデートや工夫、改善が求められますが、基本的には事業や仕事そのものを創造することは求められていません。言い換えれば、起業家が「0を1にする」存在であれば、会社員は「1を10にする」存在です。「社員として優秀だった」「役員まで出世した」という人であっても、起業してうまくいかないことがあるのはそのためです。鍛えてきた筋肉が違うのですから、それは仕方のないことです。

このような違いは、「会社員思考VS起業家思考」という形で対立するものとして語られることが多いのですが、実際にはどちらが良い悪いというものではありません。どちらも必要です。仮にチームが全員起業家思考の人間ばかりだったら、各々が好き勝手に意思決定をし、互いに指示を出し合ってバラバラに動くような状態になりかねません。そんな組織が成果を出すことは難しいでしょう。これから起業を目指すのであれば、まずは「起業家思考」に切り替える必要があります。そして、自ら積極的に変わりたいのであれば、最初に意識すべきことは**「自分は信用ゼロの人間である」という認識を持つこと**です。

私たちは、信用のない会社や商品、人にはお金を払いたくないものです。全てはこの基本から始まると言っても過言ではなく、お金よりも先に、信用を得るための活動が必要になります。そして、この信用を積み重ねる過程こそが起業活動の核心であり、それを実践していくうちに、自然と「起業家思考」へと切り替わっていくのです。

あなたは人に信用してもらうために、何ができますか？

自己開示をして自分を素直に見せる、一つのことに粘り強く取り組む、たくさんの人と会い交流を深める、信頼できる友人に紹介を依頼する、権威ある人に推薦してもらう、メディアに出て自分を知ってもらうなど、たくさんのことができると思います。

会社にいると当たり前に与えられる信用が、起業家には一切ありません。起業家としての思考は、この事実に気づくことから始まります。

STARTING a BUSINESS

008

そもそも、起業は「オフロード」

「起業はしたいけど、失敗してしまうのが怖い」
「憧れはあるけど、自分には無理だと思ってる」

このように考える人は少なくありません。「失敗が怖い」「自分には無理だ」と考えてしまう人にアドバイスしたいことが一つ。そもそも起業は、「舗装された道路の上を頑張って走る、統一ルールのある競技」ではありません。**「自ら道を切り拓き、道なき道を這いつくばりながら進み、時には崖をよじ登る冒険」**です。そこには、一見ルールがあるようで「ない」。進むも戻るも自分次第。そんな夢への道が広がっています。もちろん、その道は舗装されていない「オフロード」（未開の道）です。そのような道を行くことが「つらい」と感じるのであれば、おそらく起業には向いていません。ハッキリ言ってやめたほうがいいでしょう。

オフロードの道といっても、いろんな道があります。険しい道もあれば、舗装はされていないけれども「なぜか自分にとっては進みやすい」道もあります。繰り返しになりますが、起業において「適性」は極めて大切なことです。自分に合った道を見つけ進むことで、その能力が120%開花し、他を圧倒する力を発揮できるのです。

「怖い」と思う人こそ、自分の適性を知るべき

私はこれまで25年以上、延べ6万人以上の起業を志す会社員の方々と話をしてきました。その経験から思うのは、**自分の仕事に対する適性が分かっていないからこそ、「失敗が怖い」とか「自分には無理かもしれない」と考えてしまうのではないか**ということです。適性が分かっていれば、その道を進むことは苦ではありません。それどころか、ほかのことよりも楽に感じられ、仕事人生の「最終日」まで続けられる天職にもなり得るのです。

あなたが進む道は、どのような道になるのでしょうか？

STARTING a BUSINESS

009

まず、地図を入手しよう

先ほどのような「怖い」「自分には無理」という不安を解消するためには、「地図」や「ナビ」を手に入れることが一番簡単です。たとえオフロードであっても、進むべき方角が正しいと分かるだけで、心はずいぶん楽になります。

では、起業においてその地図やナビはどうやって手に入れたらいいのか。

それは、どんな人が、どんな道を進んできたのかを知ることです。つまり、**成功も失敗も含めた先人たちの起業プロセスを知ること**です。ただし、注意点が一つ。その際、有名起業家の自伝や武勇伝、成功エピソードは全く参考になりません。彼らの持つ資源――環境、能力、タイミング、知名度――全てが私たちと違いすぎるからです。重要なのは、身近で直接会話できる距離感にある人、そして「半年後の自分はこの人くらいかな」とイメージできるステージにいる人を参考にすることです。

その上で気をつけなければならないのは、彼らの「ビジネスモデル」や「アウトプット」をそのまま真似したり、「やり方を教えてください」と気安く頼んだりしないことです。参考にするからといって、そのままコピペするなんてもっての外ですし、彼らにはあなたに教える義務などありません。彼らもまた、自分の道を試行錯誤しながら進んでいる最中なのです。

それに、丁寧にコミュニケーションを重ねていけば、ぽつりと体験を語ってくれる機会も訪れます。くだらないバカ話をするのも楽しいですが、もし起業家の先輩と話をする機会があったら、彼らの「ターニングポイント」に注目して話を聴いてみてください。彼らもきっと、挫折を経験しているはずです。そして、その挫折の中で新しい人や知識と出会い、それをきっかけに行動を変えた結果として、今まさに成功に近づきつつあるはずです。彼らが何と出会い、どのように行動を変えたのか、そこから吸収できることはたくさんあります。

「失敗してしまうのではないか」とか、「起業は無理だ」と判断するのは、たくさんの地図を手に入れてからでも遅くはないと思います。

STARTING a BUSINESS

010

成功のノウハウなんてない

　この項目の見出しのように「成功のノウハウなんてない」と言ってしまうと、「なんだ、つまらない…」「こうすればいいという具体的なマニュアルが欲しかったのに」「抽象的な精神論ばかりじゃないか！」と思う人もいるかもしれません。実際、過去にも「取引先の探し方が知りたかったのに、期待外れだ！」なんて不満を漏らした人がいました。しかし、**その手の「ノウハウ」は正直なところあまり大したものではありません**。結局のところ、あらゆるコネをたどるか、国内外の業者を検索して連絡するぐらいしか方法はないのです。

　もちろん、誰とでも取引してくれるような相手なら見つけるのは簡単です。しかし、誰でも買えるものほど、特にネット販売を考えていたり、仕入れの資金が限られていたりする場合、「価格が合わない」という現実に直面します。小売店で特売品や中古品を漁ることも一つの手ではありますが、基本、価値を生み出せない単純転売ヤーは淘汰される運命です。長く続けることはできないでしょう。

成功ノウハウなんてない。残念ながらこれは事実です。一時的に成功するノウハウが存在することは否定しませんが、それは偶然が重なった結果に過ぎません。同じ方法を別の人が試したり、場所やタイミングが違ったりすれば、結果もまた変わるでしょう。

最近、個人起業の成功ノウハウとして高値で取引されているものがあります。それが、生成ＡＩ関連の情報商材やコンサルティングです。その内容は、テキスト、画像、動画を自動で大量に生成し、それを活用して半自動的に稼ぐというものです。

今の時代、YouTube や TikTok、Instagram など、個人法人を問わず、さまざまなプラットフォームで膨大な量のコンテンツが発信されています。それに伴い、コンテンツ制作にかかる手間やコストについて悩んでいる人も増えていますが、そうした悩みを解消する手段として生成ＡＩが注目されているのです。

例えば ChatGPT のような生成ＡＩを使えば、文章や画像を簡単に作成することができます。それを利用して、ショート動画を大量に生成してアフィリエイトを行ったり、単純に文章を納品したりするビジネスも存在します。ライティング業界では、執筆料が1文字あたり1円というような格安の仕事も多いもの。自分で執筆するとなると時間と労力を考えれば割に合わないのですが、生成ＡＩを使えばその手間はほとんどかかりません。確かに1文字あたりの単価は低いのですが、生成ＡＩを駆使して大量の仕事をこなせば、数十万円、場合によっては数百万円の収入を得ることもできます。そのため生成ＡＩ関連のノウハウが一時的に人気を博しているわけですが、実際に文章代筆を依頼してみると、その内容が支離滅裂であったり、誰かの著作からのコピーであったりと、品質がひどいものも少なくないのです。手直しを依頼するうちに、結局は1文字あたり7円になってしまった、という話も耳にしたことがあります。

この先、ＡＩの生成するコンテンツは進化していくでしょうが、それでも多くの人が使うようになれば、独自性のない「体験を伴わないコンテンツ」になってしまいます。そんなビジネスが長続きすることはないでしょう。

もちろん、品質が担保されたものを納品するのであれば、それ自体は問題ありません。しかし、それにはそもそも文章作成のスキルやデザインスキルがあり、その作業を苦にしないこと、さらには適切な作業環境が整っていることが前提となります。そうした適性がなければ、続けることは難しいでしょう。

結局のところ、自分にできることや自分に合ったことを見つけ、それを修正しながら続けていくことこそが、成功への最短距離なのだと思います。

STARTING a BUSINESS

011

不安の原因は「漠然」にある

現代の脳科学の進展は目覚ましく、特に「認識と行動」の研究が深まっています。この分野での最新の研究によれば、私たちがどのように行動を判断して、実際に動いているのかというメカニズムが明らかになってきました。その中でも特に注目されているのが、感情や行動の制御に重要な役割を果たす「扁桃体《へんとうたい》」です。

扁桃体は、不安や緊張、情動の処理とコントロールに関与している部位です。研究によると、扁桃体を除去したサルは、通常なら恐れる天敵である蛇に対して恐怖心を持たないという実験結果が示されています。

また、人間における扁桃体の研究では、イライラしやすい人や怒りっぽい人、カスハラをしてしまう人やSNSなどで誹謗中傷をしてしまう人の扁桃体の体積が「通常よりも大きい」ことが確認されています。これは、扁桃体が不安や怒り、恐怖といった感情を引き起こす司令塔であることを示していると言えるでしょう。

扁桃体がネガティブな感情を引き起こすのは、自分の命を守るための危機回避メカニズムによるものです。実際には、**情報の内容そのものよりも、見た目や雰囲気が扁桃体に影響を与え、不安や恐怖の感情を生み出すことが多く**、危険を回避するためには、「直感的な判断」が求められる場面があり、その際に扁桃体が活発に反応します。

起業に対するネガティブな感情や不安、恐れなどが湧く場合、「その感情を呼び起こしているのは扁桃体の働きである」と意識してみてください。扁桃体は詳細を精査しているわけではなく、イメージや見た目、そして雰囲気でそのような感情を引き起こしています。

「お化けかな、と思ってよーく見てみたら、実は枯れススキだった」という江戸時代の話がありますが、この例のように、実際には恐怖の原因が何であるのかを理論的に考える前に、直感的な反応が先に来てしまうのです。幽霊が科学的に存在するのかどうかなどを考える前に、まずはその場に突然何かが現れてびっくりしてしまい、恐怖を感じるという直感的な反応が先行するのです。実際に幽霊を見たことはありませんが、そのような直感的な恐怖がどのように働くかを理解しておくことが大切です。

起業が不安ならば、まずはその直感的な恐怖をいったん受け入れて、次に、冷静に「何が、なぜ不安なのか」を考えてみましょう。例えば、初めての起業で数千万円の借金を負い、最終的に自己破産したという話はよく聞かれますが、これはあくまでも無理をして行動した人の話です。こうしたネガティブな印象が、扁桃体が生み出す不安と結びつき、行動を止めてしまうことがあります。

「そういった大金が必要なビジネスは、最初はやめておこう」と冷静に考えるだけでいいのです。自分が使える資金の範囲や、どのような状況になったら撤退するのかを漠然としたままにしない。具体的にイメージすれば、その恐れが生まれる理由はありません。「考えること」には、家賃や人件費、ロイヤリティなどのコストは発生しないのですから。

ビジネスの世界は「1勝9敗」ともいわれます。

その1勝で、過去の9敗を解消するのがビジネスの醍醐味でもあります。無理に不安を取り除こうとするあまり、何もしない、あるいはすぐに諦めて撤退してしまうのでは、成果は見込めません。バランスよく、自分の感情をコントロールすることが大切です。

BUSINESS

012

ずっと成功している人なんていない

初めて自転車に乗ったときのことを思い出せますか？　誰もが最初は転んだり、思うようにまっすぐ走れなかったりしたはずです。

車の運転も同じでしょう。エンジンが止まってしまったり、ウインカーとワイパーを間違えてしまったりと、最初は失敗だらけだったはずです。

起業も同じです。初めてのことに挑戦するのですから、計画通りに進むことのほうが少なくて当然です。仮にビギナーズラックでうまくいったとしても、それは単に運が良かっただけ。もう少し後で、もっと大きな壁が待ち受けているはずです。

つい先日、元ＡＫＢ48の内田眞由美さんがＡＫＢを卒業後、セカンドキャリアとして焼肉店を経営するというお話をテレビで拝見しました。興味深かったのでご紹介します。

内田さんは、２０１０年に行われた第１回ＡＫＢ48選抜じゃんけん大会で見事優勝し、栄光のセンターの座を勝ち取った強運の持ち主です。

しかし、その後の活動では、そのチャンスをなかなか生かしきれなかったようです。特に、選抜総選挙では「センター」から一転「圏外」という結果に終わり、これが彼女にとって大きな試練となりました。そして、芸能活動も思うように振るわず、最終的には事務所から卒業の打診を受けることになったのです。その後、事務所との話し合いの中で、実家が焼肉店を経営しているということもあり、彼女自身も焼肉店の経営に挑戦することになりました。

内田さんは、まだ現役のAKB48メンバーとして活動していたころ、新大久保に焼肉店「焼肉IWA」を開業しました。店の外観は、秋葉原にあるAKB劇場をイメージしたもので、AKBファンにはおなじみの雰囲気を持つ店となっています。内田さん自身が現役メンバーとして接客を行い、ほかの人気メンバーや卒業した元メンバーにも会える可能性がある店として、AKBブランドを最大限に活用しました。その結果、開店初月から売上は驚異の1000万円を記録し、瞬く間に年商1億円の事業へと成長を遂げたのです。

ところが、内田さんがAKBを卒業すると、それまでひっきりなしに来ていたファンの人たちの足が次第に遠のき、売上は半減してしまいました。1日に来客数が2〜3組しかない日もあったといいます。また、内田さんの店舗は何もない「空」の状態から焼肉店に改装したため、初期費用がかさみ、５０００万円を銀行から借り入れて、毎月１００万円の返済を行っていました。さらに、家賃、人件費、仕入れなどの経費が月に４８０万円ほどかかっていたため、卒業後の利益は月に20万円ほどにしかならず、経営は非常に厳しい状況に陥りました。

売上の減少が続く中、さらに新型コロナウイルスの影響で客足が完全に途絶えてしまいました。その結果、負債はついに７０００万円に達しました。２０２２年には、店を辞めることも考えたそうですが、「社長になりたい」という夢を叶えたお店を手放すことはできず、経営を続けることを決心。その後、インバウンドの特需に恵まれ、売上は急速に回復しているのだそうです。

このように、**どんな人にも、「うまくいくとき」と「うまくいかないとき」があります**。内田さんのように最初からうまくいくのは珍しいケースで、なかなか芽が出ないことのほうが普通です。彼女は現役時代と卒業後のブランド力の違いを見誤り、一度は転落してしまいました。しかし、諦めずに継続し、変化を続けた結果、いま再び立ち上がろうとしています。その姿勢は、本当に素晴らしいものです。

私はこの番組を見て、自分の会社員時代を思い出しました。

私が所属していた組織も、芸能界ほど厳しくはないものの、チームになじまない者や業績の振るわない者に対しては、それとなく退職を促したり、左遷のような扱いをしたりすることがありました。内田さんのエピソードを聞いたとき、当時の悔しさや絶望感が鮮明にフラッシュバックしてくるようでした。

さらに番組では、彼女が卒業後に経営難に陥ったとき、AKBの後輩メンバーにアルバイトに入ってもらうよう頼んだけどスルーされたという話も紹介されました。この話を聞いたとき、「所属する組織を辞めた後の影響力の脆さ」を改めて認識させられました。

いきなり物事がうまくいくことはない。

そして、ずっとうまくいくこともない。

常に諦めることなく、調子に乗ることもなく、変化し続けるのみ。

このことを自分自身に再度言い聞かせる、よい機会となりました。

STARTING a BUSINESS

013

ギブ&テイクではなくギブ&ギブでいこう

人には、「行為の返報性」「返報性の原理」と呼ばれる、何かをしてもらったら自然とお返しをしたくなる心理が備わっています。最近の脳科学の研究では、この返報性の原理が、私たちの脳に生まれつき備わっていることが分かってきました。この返報性とともに人々や社会が発展してきたため、今を生きる私たちにも遺伝的に受け継がれているという仮説も立てられています。「ギブ&テイク」という言葉は、そうした人間の心理をもとに作られた言葉でしょう。しかし、**こと起業に関しては「ギブ&テイク」の考え方はいったん横に置いておいたほうがいいかもしれません。**「こちらが何かを提供したら、当然のように相手から何かを返してもらえる」と考えると、そうならなかった場合に「損した」と感じてしまいます。そうすると、損得勘定にとらわれてしまい失望や怒りが生まれ、活動が楽しめなくなります。実際、そんなに高い確率でテイクが返ってくるものでもありません。

常に「与える」スタンスでいることでテイク（見返り）を期待しなければ、気が楽になります。実際のところ、その姿勢のほうが人はついてきてくれるので、チャンスが生まれる可能性も広がっていきます。

とはいえ、「与える人になれ」と言われても「何を与えたらいいのか分からない」「自分には与えられるものなんてない」と思ってしまうかもしれません。でも、**できることはたくさんあります**。例えば、最も簡単なのは口コミや紹介をしてあげることです。

以前、ある居酒屋がカフェを新たにオープンしたことが話題になりました。居酒屋で使っていたアヒージョ用の鉄のフライパンを使って、スフレのように大きくてふわふわのホットケーキを出していました。そのホットケーキを見つけたイラストレーターのAさんが、Xでこのお店を紹介したところ、たちまち大反響が巻き起こりました。恩義を感じたカフェの店長が、Aさんにお店のイラストを描いてもらえないか依頼をしました。そのイラストはお店に飾られることになり、そのイラストが生まれた経緯をAさんが再びXで紹介すると、それが話題になり、今度はAさんにイラストの依頼が大量に舞い込みました。

このように、**ギブから始まったきっかけで、自分の事業が大きく広がることもあります**。でも、返してもらうことを期待してはいけません。

a BUSINESS

014

いいからまず行動

起業は、誰かに強制されるものではありません。やるもやらないも自分次第なので、やらないからといって誰かに怒られることもありません。定年まで勤めて、退職金や年金、ちょっとしたアルバイトで生きていく。本来、日本の社会制度はそのような仕組みになっています。言ってみれば、起業なんて「余計な活動」です。

起業には義務も期限もありません。だからこそ、「やろう」と思ってもなかなか行動に移せないものなのです。ですが、そこに趣味のような楽しみや好奇心が加わると、ぐっと行動に移しやすくなります。それでも、腰が重い人がいるのもまた事実。「疲れたからまた明日」と後回しにしたり、SNSを眺めていたら寝る時間になっていたり、そんなこともありますよね。「起業したいはずなんだけどなぁ」「お金も欲しいはずなんだけどなぁ」「好きなことなんだけどなぁ」と思っているのに、どうしてもやる気が出ない。実はこれにも理由があります。最新の脳科学では、やる気のスイッチは脳内の淡蒼球《たんそうきゅう》というところにあることが分かってきています。淡蒼球には、報酬が得られるまで行動を続けさせる働きがあり、この部分がうまく働くと、私たちは行動を続けることができるそうです。

では、どうすればこの淡蒼球を働かせることができるのか。魔法のような方法はありませんが、**「少しでも行動を起こすこと」**です。少しだけ行動を起こしてみる。すると、後から感情がついてくる。つまり、淡蒼球が「報酬が得られるまでやってみよう」と働き始めるというわけです。これって、誰もが一度は経験したことがあるのではないでしょうか？

例えば、会社に行きたくないと思っていても、いざ行ってしまえばちゃんと仕事ができる。反対に、やらなければならないことがあるのに、ついつい YouTube を見始めたら止まらなくなってしまうなんてこともあります。これらは、自分が怠けているという話ではなく、やり始めたら止まらなくなるという「脳の機能」のせいだと考えられます。

ですから、起業準備もまずはとにかく動く、強引にでもやり始めることが大切です。

できれば、「情報収集」という名の誘惑が多いＳＮＳチェックよりも、ホームページやブログの文章を書く、商品企画書を作成する、商品写真を撮影する、といった実務に取りかかるほうがいいですね。きっと楽しくなってくるはずです。

STARTING a BUSINESS

015

情熱はビジネスに昇華できる

「情熱を持つこと」と「ビジネスを成功させること」。

一見、これらは全く別々の話に聞こえるかもしれません。しかし、実際には、情熱こそが行動の原動力となり、ビジネスの成功への道を切り拓くカギとなります。精神論に聞こえるかもしれませんが、起業した人なら分かります。

やらされている仕事、義務的にやっている仕事、決められたことをただこなす仕事。どれも仕事という意味では尊いものですが、**誰からも強制されず、自らの意思で進める仕事は、また違ったエネルギーを持っています。**業界や商品知識について、より深い興味を持ち、熟知することにつながり、お客さまの要望や変化にも敏感になることができます。

今の時代、仕事だけに情熱を注ぎ込む人は少なくなりました。それぞれの人が、自分の好きなことや興味関心のある体験にお金と時間を投じています。今の時代のいいところは、そのような昔であれば単なる趣味で終わってしまったようなことが、その気になればビジネスに転換できるという点です。この変化こそが、情熱をビジネスへと昇華させる力となります。

とはいえ、大人になってからもなお、特定の何かに情熱を持って取り組み続けているという人は少数派でしょう。社会人にもなれば、限られた時間はどうしても、「やりたいこと」より「やらなければいけないこと」に優先的に振り分けられますから、それは仕方のないことです。ですので、**もし情熱を持って取り組める何かがあるのであれば、それだけですでに優位なポジションにいる**ということになります。

家の片付けを支援する事業を営んでいるMさんは、これまで数百件の整理整頓ができない人の家を訪れ、片付けをしつつ、整理整頓の習慣化について指導してきました。この経験をもとにMさんは事業の幅を広げ、現在は、整理整頓ができない人向けのラックや整理棚を商品化し、販売するビジネスも手掛けています。

Mさんがラックや整理棚の開発に乗り出した背景には、「整理整頓ができない人をどうにかして救いたい」という情熱が元になっています。数多くの片付けられない人々と向き合う中で、彼らが物を常に異なる場所に置く習慣があることに気づき、その解決策として

「置き場を明確にするラック」や「整理棚」を生み出すことに至ったのです。

何度も片付けに赴いても、数カ月後にはまた元の状態に戻ってしまうお客さまを目の当たりにし、「彼らが自分で片付けることができるようになるアイテムを作ろう」と決意したのです。情熱を持ってお客さまと向き合い続けた結果、その想いが形となったのです。

情熱がビジネスを成長させる

もう1つ事例を紹介します。

合皮レザー専門文具店「かわうそ」を営む高橋さんは、数多くのバインダーや証書カバーを手掛けてきました。サイズ違いやさまざまなカラーの要望が増える中で、「名入れをしてほしい」「ロゴマークを入れてほしい」「入れる文字をカスタマイズできるようにしてほしい」など、多くの問い合わせに対応していると、やがて、一度に数百〜数千冊という納品を依頼されるようになりました。その要求に応えるべく、彼女は思い切ってレーザー刻印機を導入し、大規模な生産体制を整える決断を下しました。

しかし、生産設備というものは、導入してすぐ使えるものではありません。思うような商品を作れるようになるまでには、何度も何度も調整を繰り返さなければならないのです。

高橋さんもその例外ではなく、機械を操作しながら、何度も失敗を重ね、試行錯誤を繰り返しました。お客さまの期待を超える品質を提供しようとするその情熱は、私や周囲の仲間すらも驚かせるほどのものでした。彼女はその不屈の精神で、業績を確実に伸ばし続けています。

自らの手で仕上げた製品に対する誇りと、お客さまへの感謝の気持ちが、自身をさらなる高みへと押し上げているのです。常に進化を求める姿勢は、まさに起業家の鏡と言えます。

「情熱を持つこと」と「ビジネスを成功させること」。

これらの結びつきを実感せずにはいられません。

016

「優秀」という評価はリセットしたほうがいい

「優秀」という言葉の意味は環境によって変わります。例えば、無人島で優秀な人。サバイバルスキルに長けている、自然の環境に適応できる、食料や水の確保ができる、避難場所の確保ができるなど、無人島ではこういった人が優秀とされるでしょう。一方、芸人としての優秀さとは、観客を笑わせる、場の空気を察知できる、瞬発的にアイデアが思い浮かぶ、人を楽しませられるといったスキルが求められるのではないでしょうか。会社員であれば、同僚や上司とのコミュニケーション能力だとか、効率よく仕事ができるとか、問題解決能力などが評価基準となるでしょう。このように、**優秀さとは固定化されたものではなく、その時々によって形を変える**のです。

優秀な会社員が優秀な起業家とは限らない

会社員としての優秀さとは、与えられた条件の範囲内でいかにパフォーマンスを上げて成果を出すかに現れます。会社としてのスタンス、上司が決定した予算など、あらかじめ決められた枠組みの中で効率よく結果を残す人が周囲から評価され、注目を集めます。

一方、起業家はまず枠組みを考え、構築し、柔軟に変わり続け、その過程で利益を出すことが求められます。つまり、起業家としての優秀さは会社員のそれよりもっと手前の段階から問われるのです。**仕事を「する」のが会社員だとしたら、仕事を「作る」のが起業家**です。

得てして、会社で身につけた仕事の進め方は、その会社でしか通用しないものです。転職して上司や社長が変われば、仕事の進め方も注意すべきポイントも大きく変わります。今勤めている会社での経験が、必ずしもほかの環境で通用するとは限りません。

さらに、これから起業を始めようという人の手元には、これまで勤めてきた会社が持っていたリソースは一切存在しません。資金も、人脈も、会社の看板も何一つない状態からのスタート。この状況が、これまでの仕事と全く異なることは想像に難くないでしょう。当然、転職の比ではありません。

起業をするのであれば、これまでのやり方やプライドは一度リセットしてください。全てがゼロから始まるのです。

STARTING a BUSINESS

017

準備こそがチャンスをつかむ

「準備を整えてチャンスを待つ」ことが、起業準備の本質です。準備が整っていると、「研修の依頼が来た」「6000個の大口取引の見積もり依頼が来た」「取材依頼が入った」など、自分でも想像すらしていなかったチャンスが舞い込むことがあります。逆に、準備ができていなければチャンスは訪れませんし、もし何らかのラッキーでそのような連絡が来たとしても、それを引き受けることができません。

この「準備」には、戦略的に意識していた**「狙った準備」**と、気がついたら長年にわたり積み上がってきた**「狙っていなかった準備」**があります。例えば、何となく続けてきたブログがGoogleのアップデートによってアクセスが急増することもありましたし、最近では、大学で講義をさせていただくご縁もいただきました。本当に、何が実を結ぶのかは分からないものです。このことを象徴する有名な話があります。

Uber Eatsで知られるアメリカのテクノロジー企業Uberは、プログラマーのギャレット・キャンプと起業家のトラヴィス・カラニックによって設立されました。構想当初、Uberは主に「富裕層のネットワーク」で活用されることを想定していました。このような新しいビジネスアイデアは、富裕層同士のネットワークから生まれることも多いのです。

しかし、当初のUberの仕組みは今のアプリとは程遠い、非常にアナログなものでした。手が空いているタクシー運転手を探しては、「すきま時間に稼がないか？」と提案していたのです。

タクシー運転手を一人ひとり探す作業は、非常に手間がかかります。ギャレット・キャンプはアイデアを持っていたものの、面倒なUberの経営は誰かに任せたいと思っていました。そこで、彼はXに、「有名人も多く関わっており、立ち上げ前で報酬も魅力的なビジネスがあります」と投稿し、人材を募集したのです。これだけ聞くと怪しいビジネスの勧誘に見えますが、それに応募したのがUber最初の従業員となり後にCEOになったライアン・グレイブスです。彼はその投稿へ返信したことで大成功を収め、巨額の富を手に入れました。誰もこの時点ではUberがここまで成長するとは思わなかったでしょう。ただ「チャンスが来たらつかみ取る」と準備していたからこそ、このような結果につながったのです。

STARTING a BUSINESS

018

1円稼げば景色が変わる

起業でうまくいく人と、途中で挫折してしまう人。

その一番大きな「差」は何でしょうか？

その違いは**「無」から「有」を生み出すことができるかできないか**。これだけです。良し悪しや優劣の話ではありません。あくまで「適性」です。

例えば、いわゆる会社にいる「仕事ができる人」は、信用やお金、人材や時間などがすでに会社の中に揃っている状態からスタートしています。会社が築き上げたベースをもとに、会社から与えられた資源をほかの人よりも上手に使って、「一定の条件下」で富を生み出すことに秀でています。ですが、起業する人にはそのような資源は一切ありません。

全てゼロから始めなければならないのです。

だからこそ、私はこう言いたいのです。**起業したいなら、とにかく何でもいいのでまず**

は1円を稼いでみてください。自分の力で1円を稼ぐ、つまりゼロからイチを生み出す。たかが1円と思うかもしれませんが、その1円を生み出すまでに発信したり、問い合わせを受けたり、見積りを出したり、受注したり契約したり、納期を守ったりと、やることは本当にたくさんあります。でも、いったんイチが生まれれば、後は会社の仕事と同じです。その量を少しずつ増やしていくだけです。

「起業したらあれをやりたい」「私はこれをやりたい」と思う人はきっとたくさんいるでしょう。でも、それを実行している人はほんのわずかです。肌感覚だと多くて1%。**成功している起業家の本当にすごいところは、お金持ちになったことではなくて、その最初の一歩を踏み出したことです**。自分の考えを実行に移した、その勇気です。

同じようなことを考えている人は、この世の中にたくさんいるはずです。自分だけのアイデアなんてそう簡単に出てくるものではありませんし、考えること自体は誰にでもできます。でも、99%の人はその考えを実行しません。「スキルがない」「お金がない」「時間がない」。そんな理由で、いつもやらないのです。

小さくてもいい。ゼロからイチを生み出せれば、世界が少しずつ動き始めます。

STARTING a BUSINESS

019

「好きなこと」の起業こそ慎重に

起業と言えば、というトピックがあります。

それは、「好きなこと」と「得意なこと」のどちらを優先するべきか？　という議論です。

この質問をいただくとき、私は**「得意なことを優先するのが基本だが、好きなことでなければ続けられない」**と答えています。「好きこそものの上手なれ」とはよく言ったもので、実際に「好き＝得意」である場合は多いものです。そして、義務感で取り組む人よりも、心から好きでやっている人のエネルギーには敵わないのもまた事実です。

しかし、問題は自分の「好き」と「得意」がズレていると感じる場合です。このようなときは、まず「自分の得意なことは何なのか」を考えてみるのが賢明です。例えば、数字やデータの分析が得意なら、そのスキルを生かしてデータ解析やコンサルティングの仕事に挑戦してみるのがいいでしょう。

もし、得意なことが嫌で続かないと感じるなら、時間がかかっても「好きなこと」に取り組みましょう。例えば、データ解析が得意でも、その仕事にやりがいを感じないのであれば、自分の好きなイラストを描く仕事にシフトしてみるのも一つの手です。

また、**「好きなこと」と「得意なこと」が一致したからといって、必ずうまくいくとも限りません。**

以前、たい焼きの屋台販売で起業した人がいました。その人のたい焼きはいわゆる「天然物」と称されるもので、効率を重視する現代ではあまり見ない、一匹一匹丁寧に焼く方法が特徴的でした。昔ながらのたい焼きをみんなに食べてほしいと、特注の型を購入し、なんと屋台も自作してしまったのです。たい焼きが大好きなのでしょう、並々ならぬ熱意が感じられます。地元のスーパーの駐車場に出店するため、そのあふれる熱意で担当者を説得し、無事お店を出すことが認められました。平日は会社員として働き、週末はたい焼き屋さんとして活動を開始しました。一匹一匹、丁寧に心を込めて焼くたい焼きは高齢者を中心に人気となり、ファンも着実に増えていきました。

しかし、ある日突然、売上も順調に増えていた屋台を閉じてしまったのです。

その理由は「体力の限界」でした。実際、その予兆はすでにあったのです。よくよく話を聞いてみると、屋台を営業するために必要な準備や仕込みには、毎回、「引っ越しをするくらいの労力」がかかっていたと言います。平日は会社員として遅くまで働き、週末には引っ越しレベルの仕事を繰り返すわけですから、考えただけでもしんどくなります。

「楽しいけど、無理」とおっしゃっていたその言葉が、今でも印象に残っています。

では、たい焼き屋さんを続けるにはどうすればよかったのでしょうか？

例えば、営業時間を短縮することや、アルバイトを雇うなどして、体力の確保に気を使うべきでした。ですが、そうした策を講じようとすれば、その分、売上が減少したりアルバイトの人件費がかかります。次は、この点をどうクリアするか。屋台の活動をYouTubeで発信したり、屋台開業のコンサルティングを行ったり、さらには屋台を貸し出すといった方法で収益の補填を図ることができたかもしれません。

どんなに好きなことであっても、得意なことであっても、ビジネスにはたくさんの落とし穴がありますので、注意しましょう。

STARTING a BUSINESS

020

起業を後押しする社会

近年、社員の活動をサポートする企業が増えてきています。しかも、本業とは直接関係のない、言ってしまえば「無関係」の活動であってもサポートしているのです。

例えば、有名企業の中では、あのモスバーガーで知られるモスフードサービスが2024年の4月に「MOS RECORDS」という音楽レーベルを立ち上げました。このレーベルでは、従業員を対象にオーディションを開催し、合格した人はアーティストとしてデビューすることが約束されています。すごいことに、プロのミュージシャンが楽曲を提供し、Apple Musicなど50以上のプラットフォームを使って185ヵ国で配信されることも決まっています。それだけではありません。モスバーガーの公式SNSでプロモーションもしてくれるそうです。ネット上では賛否両論あるようですが、こういった新しい取り組みはとても魅力的だと思います。社員の多様な才能を引き出すだけでなく、企業のイメージアップにもつながるかもしれませんね。

また、2024年5月29日付の日経流通新聞では、ユニークな制度を導入している企業が紹介されていました。それが、人材管理システムを手掛けるPHONE APPLIという会社の「マイキャラデザイン」という制度です。この制度では、資格取得にかかる費用を1回につき最大5万円、年に2回まで支給してくれるのですが、その資格の内容が何でもOKだというのです。驚きです。

例えば、資格を取得した人の中には、サウナ好きが高じて「熱波師」の資格を取得した人や、プロのダーツ選手を目指して練習している人もいるそうです。これはまた素敵な取り組みだと思いませんか？　こういった制度があることで、社員のモチベーションが上がったり、会社への感謝の気持ちが深まったりするのではないでしょうか。まさに、企業の新しい形と言えそうです。

こうした取り組みの背景には、**労働生産人口が減少していく中で、仕事の充実感ややりがいを高めることで、社員の離職率を減らしたり、新しい人材を確保したりしようとする狙い**があるのだと思います。最近では少なくなったとはいえ、相変わらずパワハラ気質の組織があったり、副業を目の敵にしている企業もあったりすることも事実です。そうした中で、こうした新しい文化や取り組みは注目すべきものだと思います。

2023年に行われたマイナビの調査によると、20代から50代の正社員3000人のうち、実に46％の人が「**静かな退職**」状態にあることが分かっています。「静かな退職」とは、淡々と仕事をこなして、仕事に対して何も期待しない、「ほぼ退職」に近い状態のことを指しています。新型コロナウイルスの流行でテレワークやギグワーク（単発の雇用関係）が広がり、加えてワークライフバランスを重視する世の中の流れもあり、家族と過ごす時間の大切さを改めて実感したり、通勤時間がないことによる心のゆとりを感じたりした人が増えたのではないでしょうか。

これからも、私生活の充実を重視する人が増えていく傾向は続くでしょう。そんな中で、企業もまた、「従業員の私生活を充実させよう」と考えるようになるかもしれません。より多くの人が好きなことにチャレンジできて、その気になれば起業もできる。そんな自由な環境がますます整っていくことと思います。

CHAPTER 2

起業の常識・新常識

STARTING a BUSINESS

021

「社内起業」という選択肢

かつて、起業の常識といえば会社を辞めて独立することでした。いわゆる「脱サラ」です。しかし、今はその常識もすっかり変わりました。独立せずとも起業している人が至るところに見受けられます。

日本企業において、副業を認めている会社は、実質、約1～2割程度だと言われています。少ない理由として、長時間労働になってしまい本業に影響を及ぼす懸念や、企業の秘密が漏洩するリスクなどが挙げられます。表面上は副業を認めていると言いながらも、実際には許可制で、「前例がないから難しいね」「それより、もっと本業の仕事を頑張ってくれ」と返されてしまったりと、許可がでない場合も少なくないようです。

一方で政府も副業を推進しており、**副業には「能力開発」や「離職を防ぐ」効果がある**とされています。そのため、副業の代替案を出す企業も増えてきました。その一つが「**社**

内起業」です。社内起業とは、会社を辞めて独立するのではなく、社員として定収入を得ながら社内で新規事業を立ち上げ、あたかも起業家のように活動することです。

社内起業にはいくつかのメリットがあります。

第一に、**企業の資源を活用できる**点です。企業が持っている「ヒト・モノ・カネ」に加えて、ブランドや信用という、事業を展開する上で非常に重要な資源を活用することができます。これは、会社を辞めて独立する際には一から揃えなければならないものであり、その手間を考えると大きなアドバンテージと言えるでしょう。

第二に、企業がすでに持っている顧客リストの活用や、他部署からのサポートも期待できるので、**事業の立ち上げや展開がスムーズに進む**点です。正直、独立してゼロから事業を始めるのと比較すれば、かなりの部分で負担が軽減されるでしょう。

ただし、あくまでも社内で活動する以上、何でも自由にできるわけではありませんし、得た利益が自分のものになるわけでもありません。しかし、それでも社内起業は、自分のアイデアを形にするための貴重な経験と練習の場になり得ます。

BUSINESS

022

社内起業を活用するとどうなる?

社内起業制度の活用例として、こんな話があります。

大手精密機器メーカーに技術職として入社したある女性の話です。

彼女は、日々、「経営層に対して業務改善の提案を行う」という役割を担いながら、着実にキャリアを積み重ねてきました。

ある年、その会社で新たに社内起業制度が導入され、彼女も「自分のアイデアを形にするチャンスだ!」と感じて、チャレンジしてみることにしたのです。当初は、技術職らしく、同社の主力製品でもある3Dプリンターを活用した事業案をいくつか考えていました。しかし、市場にはすでに多くの競合他社がひしめいており、どの案も勝算がないように思えたのです。

そんなとき、たまたま海外駐在の経験を持つ元社員の方の話を聞く機会が訪れました。

その元社員によると、「インドでは女性が働きたいと思っても、なかなか就業の機会がない」という問題があるのだそうです。そこで彼女が思いついたのは、インドの女性たちに下着の作り方を教え、それを製造販売するというビジネスプランでした。彼女は一度、独立して挑戦することも考えましたが、初期投資やインドへの渡航費を計算すると、困難が予想されました。

そこで彼女は、**社内起業制度を利用して、初期費用や渡航費などの財務面でサポートを受けながら進める道を選んだ**のです。事業案は採用され、プロジェクトが始動しました。

実際に取り組んでみると、デザインやロゴの制作、ECサイトの構築といった業務は社内で対応してもらえ、サポート体制が非常に充実していたそうです。さらに、品質管理や広告に関しても、社内のノウハウを活用することができたと言います。

残念ながらこの事業は、会社が社内起業のルールとして設けていた「3年以内の黒字化」を達成できなかったため、最終的には事業譲渡という形になってしまったのですが、彼女にとってこの経験は、起業家としてのスキルや知識を確実に高めるものだったと言えるでしょう。

STARTING a BUSINESS

023

収入源は一つじゃなくていい

ひと昔前、起業家と言えば、その事業に一日中従事している「専業起業家」を指していました。ですが、時代は大きく変わりました。最近、特に注目を集めているのが、すきま時間（週に35時間未満）の活動だけで起業する「**パートタイム起業家**」です。新ＮＩＳＡに始まる投資ブームの裏で、本業の合間に小さく起業したり、インターネットで小規模にビジネスを展開したりする人たちも増えています。

２０２４年の日本政策金融公庫の調査によると、パートタイム起業家の63・1％が週に15時間未満の時間を事業に充てています。これは一日あたりに換算すると約2時間程度。起業を始めたきっかけには、「残業できない分を補填したいから」「うまくいったら、独立して自由な時間が欲しいから」「子どもの教育費や老後資金が心配だから」といった理由が挙げられています。実際に、育児に携わっているパートタイム起業家は28・1％もおり、約3割を占めています。子どもの将来に対する不安、資金の不足などが背景にあるのでしょう。また、仕事場として自宅の一室を利用している人は58・5％に上り、**無理な投資を避け、あるものを活用してビジネスを進める手法が広がっている**ことがうかがえます。同じく日本政策金融公庫のデータによれば、92・8％の人が月商50万円未満という結果が出ています。さらに、初期投資をほとんどしていない人が半数以上に上ります。

このようにすきま時間を利用して本業以外でプラスアルファの収入を得る方法は、今後さらに広がりを見せるでしょう。YouTubeやLIVE配信、転売など、簡単にお金を稼げそうに見えるコンテンツが拡散し、それを試す人が増えています。実際やってみれば簡単ではないことはすぐに分かるのですが、母数が増えれば、うまくいかなかった場合でもチャレンジを続ける人も一定数いるため、最終的に複数の収入源を持つ人は増えるはずです。

2025年春卒業予定の学生を対象にした副業に関する調査結果（マイナビ）によると、正社員として定収入があっても、4割の学生が「副業を前向きに検討したい」と考えていることが分かりました。副業をしたい最大の理由は、自由に使えるお金を確保したいからが6割、生計を維持する目的が4割を占めています。収入を増やすため、また危機に備えるために起業や副業を考える人は、これからも増えていくでしょう。

特にZ世代（1990年代半ばから2010年代前半に生まれた世代）や、彼らより年下の世代は、私のような団塊ジュニア世代と違って終身雇用に期待しておらず、そもそも会社への帰属意識も低いと言われています。また幼いころからインターネット、SNSに慣れ親しんでいるデジタルネイティブですから、スマホや生成AIを駆使して、新しいビジネスを生み出すこともできます。Z世代に限っても約1800万人おり、これから人口減少社会で生き残っていく日本人の働き方のモデルケースになっていくでしょう。

例えば、Z世代のある女性は、平日はIT系の会社に勤め、退社後や週末は、WEBデザインやヨガ講師、オンライン家庭教師として活動し、多くの収入を得ています。こうした働き方を、複数の肩書を区切る「スラッシュワーカー」(○○社員/WEBデザイナー/ヨガ講師/オンライン家庭教師)と呼びます。

収入源が一つしかない場合、もし再びステイホームのような事態が起こったら、本業の会社の業績に生活を左右されてしまいます。自分で経営している場合でも、事業が一つしかなければ、国や自治体が助けてくれるのを待つしかなくなります。それも、どこまで期待してよいのかは分かりません。だからこそ、あのときに苦しんだ飲食店ほど、テイクアウトやデリバリーなどサービスのレンジを広げたり、ゴーストレストランのようにスリム化したりと、さまざまな形で変容し危機対応を進めているのです。

STARTING a BUSINESS

024

変容する起業の在り方

今では誰もがインターネットやスマホを利用するようになり、副業や起業はすっかり身近な選択肢となりました。中には、「本業の仕事が好きだから」という理由であえて起業せず副業のまま続ける人もいれば、情熱が抑えきれなくなり、数年で独立を果たす人もいます。私が主宰する「起業18フォーラム」という会社員のまま始める起業準備サロンには、どちらの人もたくさん参加されています。

とはいえ、これが当たり前になったのはここ10年ほどの話です。それ以前は、副業から起業に移行するためのハードルは非常に高く、簡単には達成できない目標でした。しかし、今ではスキルシェアサイトやその他のサービスが整い、独立可能な仕事の種類や量が増え、以前に比べてはるかに手軽に起業できるようになりました。

特に注目すべきは、スポットワークやギグワーク、すきまバイトなどとも呼ばれる、さまざまな種類の仕事を短時間・単発で請け負える仕組みが整ってきたことです。これにより、高度なスキルを持つ人材が、ネットを介してさまざまな人と取引するだけでなく、実際に現場に赴き、直接人と関わりながら働くことも可能になりました。たとえそれが単純作業であっても、自分の新たな才能や適性を発見する貴重な機会となり、それをうまく活用すれば、起業や転職の道を開く手助けにもなります。

スポットワーク協会の調査によると、さまざまなスポットワークの紹介サイトには、すでに２２００万人もの登録者がいるとのことです。そして、この数は今後さらに増加する見込みがあるとされています。日本最大のフリーマーケットサイト、メルカリも２０２４年３月からスポットワークの紹介業務に参入し、たった３カ月で５００万人の登録者を獲得するという驚異的な勢いを見せています。

このようにスポットワークの機会が増加したことで、起業できるチャンスが広がりました。これまでは、業界を知るためにわざわざ転職したり、未経験のまま起業して失敗したりするケースが多く見られましたが、**今では本業を持ちながらスポットワークを通じて、現場経験や人脈を積み上げることが可能となりました。**

「ちょっとやってみたけど向いていなかった」と感じた場合は、その業界での起業を見送るという選択肢が取れるようになっています。

飲食店を開業したいと考えたある女性が、副業としてスポットワークを100件以上体験した話があります。彼女はその経験を通じて、どのような業態が流行りそうか、自分に合うものは何かを見極めました。その中で彼女が特に魅力的だと感じたのが「ゴーストキッチン」でした。ゴーストキッチンとは、調理とデリバリーに特化した飲食店で、接客が必要ありません。接客スペースがないため店内の装飾やホール担当のスタッフを雇う必要がなく、その結果初期費用を大幅に抑えられるのです。普通の飲食店を開業するよりも格段にコストを削減できるこのモデルに、彼女は大きな可能性を見出しました。

また、スポーツイベントを手掛ける男性は、人の流れを学ぶためにスポットワークを始めました。都内のさまざまな飲食店やイベントでスポットワークをすることで、街や時間帯によってどのような客層が集まり、どのようなアトラクションが人気なのかを把握することができたといいます。統計データを集めるために費用をかける方法もありますが、実際の現場でお金を得ながら肌で感じることができたこの経験は、非常に価値あるものです。

スポットワークや社内起業制度の充実など、起業の準備に役立つさまざまな仕組みが整いつつあります。これらを積極的に活用しない手はありません。

STARTING a BUSINESS

025

リスクを取る勇気

起業にはリスクがつきものです。項目1でお話したように、起業とは「安定した収入」とお別れすること。リスクを取る勇気は「まず、どのようなリスクが存在するのかを理解すること」から始まります。起業における5大リスクには次のようなものがあります。

起業の5大リスク	**対処法の例**
①お金	貯蓄・転職・辞めない
②健康	健康管理／仕組み化（自分がいない前提で作っていく）
③法令違反	専門家とのコネクション／問い合わせ公的窓口の確認
④自然災害や経済危機	保険・貯蓄・補助金
⑤人材	外注や社員がいなくてもできる範囲から始める

会社を辞めて起業するとなると、収入が安定しなくなるリスクが発生します。十分な準備期間を設け、計画的に進めることで、そのリスクは軽減することができます。

特に心配なのは、家族の生活費です。自分一人であれば「何とかなるさ」と思えるかもしれませんが、子どもがいる場合には、そういうわけにもいきません。

このリスクを回避するためには、二つの方法しかありません。

まず一つは、**「十分な貯蓄をしておくこと」**です。目安としては、現在の生活を1年間維持できる金額に加え、事業の運転資金を半年分確保することです。ただ、実際には予想以上に費用がかかることが多いので、その金額を1・2倍にして、余裕を持たせておくことをおすすめします。

しかし、この方法には、一つの大きなリスクが伴います。それは、もしも起業がうまくいかなかった場合、長い時間をかけて一生懸命貯めたお金を失ってしまう可能性があることです。したがって、できればもう少し手堅くいきたいところです。

そのために、前述の「パートタイム起業家」を目指すという方法があります。会社を辞めずに準備を始めることで、確かに忙しくはなりますが、定収入が途切れることはありません。これによって、リスクを大幅に軽減することができます。

もし副業ができない会社に勤務している場合には、転職も一つの手段です。また、起業を目指すのであれば、正社員でいる必要もありません。状況に応じて柔軟に対応し、自分に最適な道を選ぶことが大切です。

「起業18フォーラム」が実施した「起業準備における時間の確保」に関するアンケート調査では、起業準備に時間が取れない方に向けて、いくつかのアドバイスが寄せられました。その中で最も多かったのは**「起業したい気持ちの再確認」**でした。具体的には、「目標がしっかり決まれば、必ずそれに必要な時間は確保できる」「一番重要なのは覚悟だと思う」「本気でやりたいことなら、準備に時間が取れないということはまずない」といった意見が挙げられました（調査期間：2022年5月15〜16日／ネットリサーチ／クラウドワークスの会員が回答／対象者条件：個人事業主、自営業、経営者／有効回答数：計58件）。

経験者たちは、メンタルや精神論の重要性をよく理解しており、**「覚悟を決めてリスクを取れ」**と語っています。

次に考慮すべきリスクは「健康」です。

事業が軌道に乗り、アウトソーシングが進むまで、自分の代わりに動いてくれる人も、意思決定をしてくれる人もいません。そのため、無理を続けることで疲労やストレスが蓄積し、メンタルヘルスに悪影響を及ぼす可能性があります。

この点に関しても、先ほどの「起業18」で行ったネットリサーチの結果をご紹介しましょう。この調査では、独立にあたり精神的な問題が生じた経験のある人は実に約6割に達し、**「経済的な不安」を感じている割合が突出して高い**ことが分かりました。

これらのリスクに対処するためには、「気分転換を図る」「目の前のできることに集中する」「経験者に相談する」「必要に応じて通院する」といった具体的な対策が挙げられています。さらに、根本的な対策としては、「会社を辞める前に安定した売上をつくっておく」「一定期間の収入がなくても不安にならない程度の資産を準備しておく」「独立直後の収入の見込みを低めに見積もっておく」といった事前の準備が有効であることが確認されました（調査期間：2024年2月7日～2月11日／調査方法：インターネット調査／対象者条件：自由業または自営業の20～50代男女／有効回答数：計123件）。

STARTING a BUSINESS

026

リスクはコントロールできる

起業にはさまざまなリスクが伴いますが、多くの人がつまずくのが**「想定外」の変化や停滞**です。株式投資の例で考えてみましょう。株式投資は、株価という価格が変動する金融商品が一日に数千円もプラスになったり、マイナスになったりします。最近の例として、2024年8月5日に日経平均株価が前日比でマイナス4451円安になったことがあります。そして、その翌日にはプラス3217円戻しました。一日にこれほどの変動があることは、多くの人にとって「想定外」の変化であったと言えます。これは「リスク」です。この変化をなるべく小さくするために、預貯金や価格が変わりにくい国債などの投資商品を組み合わせ、積み立て投資でリスクをコントロールする方法が取られます。

起業におけるリスクコントロールも、基本的には同じです。

前述した「お金」と「時間」といった要素が分かりやすい例として挙げられますが、起業準備中や起業後にどのような事態が想定されるのか、またそれによって生活がどれほど変化するのかを「数値化」し、「言語化」しておくことが重要です。そして、その変化をできるだけ小さくするための行動を、今から始めておくのです。例えば、私の場合、コンサルティング業で起業しましたが、本業の出張や残業も多かったため「帰宅後に時間を確保できない」という壁に直面しました。そこで二つの対策を実行しました。一つは、「モバイル機器や環境の整備」です。私が活動を始めたころはスマホもWi-Fiも存在しませんでした。そのため、電話回線に接続する機器を購入し、携帯情報端末が進化するたびに次々と買い換えていきました。ノートパソコンも当初は単独ではネットワークに接続できなかったのですが、どんどん投資し、自宅のネット環境を進化させていきました。もう一つが「コンテンツ制作」について。集客やコンサルティングの効率化を図るために文章を書いたり動画を撮ったりしたのです。Ustreamの録画から始まり、YouTubeには2010年に登録して、コツコツと積み上げていきました。動画があるおかげで同じ内容を繰り返し説明する必要がなく、コンテンツを見てもらうことで基礎知識を提供することができるようになり、大幅に効率化することができました。

完全な自動化は実現できていませんが、このおかげで何か想定外のことが起こったときにも対応する時間が取れるようになり、その上、低コストで運営することができています。

027

「無謀なチャレンジ」はしなくていい

成功するためには、「小さく始めること」が鉄則だと考えています。以前はこんなことを言うと、「覚悟が足りない！」などと怒られたものです。でも、考えてみてください。「自分に合うのか」「本当にやっていけるのか」「どれくらい売れるのか」など、自分にできるかどうかは、やってみなければ分からないのです。だからこそ、**起業で「無謀なチャレンジ」をしてはいけません**。

まずは小さく試してみて、「これはいける」と思ったら、そのときにアクセルを踏めばいいのです。大きな初期投資が必要で、小さく試せないビジネスには、最初の段階で手を出すべきではありません。

このようなことを話すと、次に聞かれるのは決まって「無謀なチャレンジって、具体的にいくらくらいのことですか？」といった内容。正直なところ、それも人それぞれです。例えば、「100万円くらいなら勉強代として出してもいい」と思える人もいれば、「10万円でも厳しい」と感じる人もいます。もちろん、ビジネスにはある程度の投資が必要なので、完全に0円というわけにはいきません。**最初は、「借金をしないレベル」と考えておくとよいでしょう**。

「投資できる範囲（キャパシティ）」は人によって異なりますが、この投資範囲を分類すると**「お金」「時間」「健康」の三項目**が浮かび上がってきます。それぞれについて、もう少し詳しく見ていきましょう。

「お金」とは、前述の通り、「借金をしないレベル」で事業に投資できる資金のことです。

お金が1円でも減ることを極端に恐れる人がいますが、そのような性格の人は、まずは「自分の時間と労働力を売る」ことから始めてみましょう。あるいは、「今持っている物を貸し出す」という方法も考えられます。これなら、会社員のように定期的に決まった額の収入が見込めます。物品を売る場合には「仕入れ」が必要ですし、コンテンツや場所、システムなどを提供する場合にも、それを準備する資金が必要になります。その場合でも小さく始めるためには、まず「今、手元にある資源」をフル活用することから考えてみましょう。

儲け話として、生成ＡＩ関連と同じくらいよく見かけるのが、「ワンルームマンション投資」です。不動産投資そのものは有力な選択肢ではありますが、ワンルームマンション投資にはいくつかの難点が伴います。不動産は現金化が難しい資産であるため、撤退することも容易ではありません。セールス担当者が提供するデータだけに頼るのではなく、YouTubeなどで情報を集め、よく勉強してから検討してください。

「時間」も、起業においては重要な要素です。ここで言う時間とは、**起業活動に投資できる時間**のことで、お金と同じように時間も先行投資が必要になります。

飲食店も、営業開始の何時間も前から仕込みをしているからこそ、お客さまからの注文に迅速に対応できるのです。もし、何の準備もしていない状態で営業を始めたとしたら、混乱やトラブルが続出することは想像に難くないでしょう。

まだ本格的に稼働していない段階では、週末などの休みを利用して、まとめて準備を進めることもできます。しかし、実際にお客さまがつき始めるとそういうわけにもいきません。「毎日、少しずつ」という対応が求められます。このような「起業準備段階」では、毎日30分、週末に半日程度の時間を確保することを考えておくとよいでしょう。「起業後」は、毎日1時間以上の作業時間が必要になることが多くなります。多忙な生活の中で、子育てや介護、趣味なども含めて、起業準備の優先順位を高く設定できる人は多くありません。だからこそ、**最初は大きなチャレンジよりも、「自分にとって簡単なこと」を選ぶことが大切**なのです。少しずつでもいいです。確実に進めることで、自信がつき、やがて起業活動を続けていく力を養うことができます。

最後に「健康」についてお話しします。健康は、起業前も起業後も、全ての源となる重要な要素です。ここで言う健康とは、肉体的なものだけでなく、心の健康も含まれます。

私自身の経験から、**「起業準備」は精神的に良い影響を与えてくれるもの**でした。勤めていた会社でどんなに嫌なことがあっても、上司にどんなに嫌味を言われても、家に帰れば信頼できる仲間や素敵なお客さまに囲まれ、自己肯定感はどんどん高まっていきました。

多くの人が「ポジティブな理由」で起業を始めるものですが、私のように会社になじめなかった人にも、「自分を回復するための一手」として起業をおすすめしたい。そのような人こそ、自分を信じて、ぜひ挑戦してみてほしいと思います。

STARTING a BUSINESS

028

起業には二種類のお金が必要

起業には、大きく分けて二種類のお金が必要です。

一つは、起業をするとき最初にかかる**「初期費用（投資）」**と呼ばれるお金です。これは、仕事用の机や椅子といった備品、通信機器、物件取得費用、フランチャイズ加盟金、各種設備や内装費用、商品の初回仕入れなど多岐にわたります。「初期費用はどのくらい必要ですか？」と尋ねられることも多いですが、これに対する答えは事業の内容や持っている資源、流用可能なものによって大きく変わります。

日本政策金融公庫総合研究所の「2023年度起業と起業意識に関する調査」によれば、起業家（定収入を持たずに独立した起業家）のうち、50万円未満の初期費用で済んだと答えた人は36・5％、費用がかからなかったという割合が30・1％でした。一方で、50万円から100万円未満が8・9％、100万円から500万円未満が13・3％という結果も出ています。

起業費用

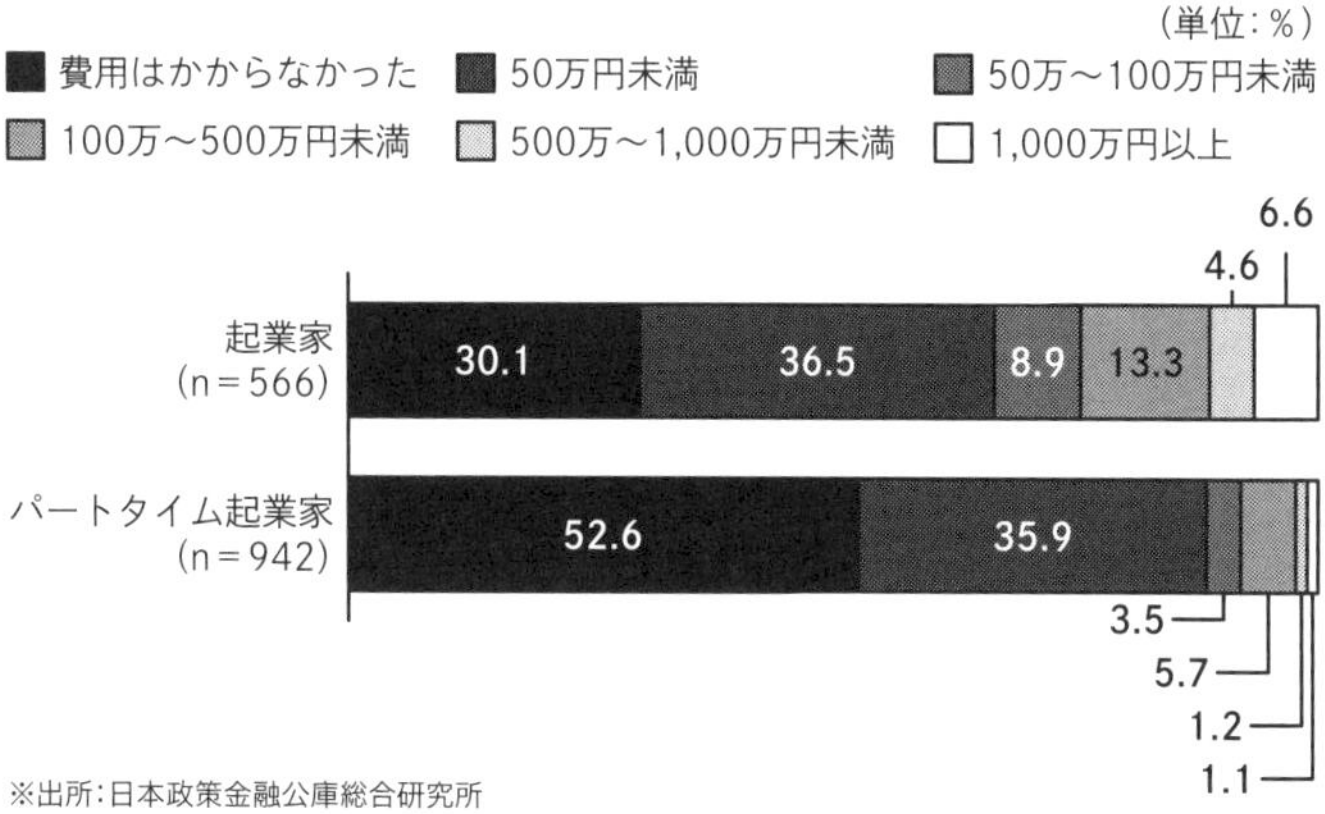

※出所:日本政策金融公庫総合研究所
※日本政策金融公庫が2022年4月から同年9月にかけて融資した企業のうち、融資時点で開業後1年以内の企業(約4割が法人・6割が個人)

このデータから見ると、**初期費用として100万円程度を見込んでおくとよい**でしょう。ただし、実際に100万円をぽんと用意できる人なんてそんなにいません。その場合、会社員のまま、必要最低限のコストで起業を始めるのも一つの手です。実際、パートタイム起業家―つまり、定収入を持ちつつ、すきま時間に起業する人々―の半数以上が、初期費用をかけずに事業を始めています。私もこの方法を推奨しています。最初は小さく。そのほうが安心でしょう。

もう一つ必要なのが「**運転資金**」と呼ばれるお金です。運転資金とは、事業を維持、運営していくために必要な資金のことを指します。業種によって異なりますが、例えば事務所を構える場合には家賃や光熱費、インターネット回線や通信費、販促費、材料費、さらには人を雇う場合には人件費など、さまざまなコストが含まれます。

定収入がある仕事を持ちながらスタートし、その収入で運転資金を賄えるのであれば、あまり心配する必要はありません。しかし、会社を辞めて起業する場合は、最初のうちは自分の貯金を取り崩して運転資金に充てることになります。目安として、辞める前に一年分の生活費に加え、半年分程度の運転資金を確保しておくと安心です。「**運転資金が算出できないうちは、まだ辞めるべきではない**」と考えてください。派遣社員やパートタイムで働くのも一つの手です。十分に準備を整えてから退職するのが賢明です。

STARTING a BUSINESS

029

本当に借金をして大丈夫？

起業について調べていると、よく「お金は借りたほうがいい」「信用があれば借りられる」「信用金庫や地銀とのお付き合いが大切」といった話を耳にすることがあります。

確かに、借り入れは悪いことではありません。返済の計画がしっかりしているならば、利用するのも一つの手段です。しかし、私が言いたいのは「もうちょっと待ってください」ということです。例えば、ゴルフを始めようとするとき、最初からフルセットのクラブを購入する必要はありませんよね？　初めはレンタルで十分です。実際に続けられるか、楽しめるかを見極めてから、必要なものを揃えればいいのではないでしょうか。

何せ、初めてやることです。「初めて」は予測できないことが多いものです。書類上では問題ないように見えても、実際にうまくいくかどうか、自分がやりきれるかどうかは未知数です。例えば、住宅ローンや自動車ローン、教育ローンなどがある中で、さらに借金を増やして本当に大丈夫でしょうか？

起業時の金融機関借り入れの有無

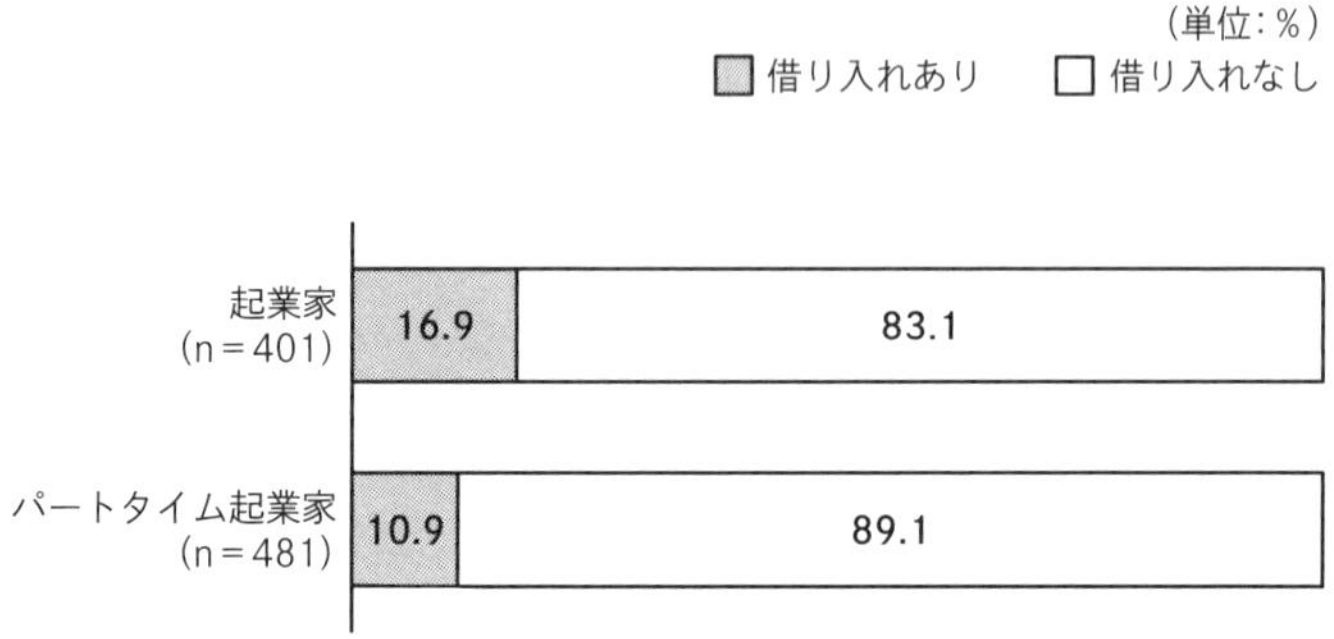

※出所:日本政策金融公庫総合研究所
※金融機関借り入れとは、民間金融機関(地方自治体の制度融資を含む)および日本政策金融公庫・沖縄振興開発金融公庫からの借り入れである。

店舗や設備、フランチャイズ加盟にまとまった資金が必要な場合もあります。店舗は必要か、構えるならどの場所にするか、賃料はいくらまで出せるか…。そのほかにも判断すべきことは山のようにありますが、それらは全て自分自身の判断に委ねられています。ご家族ともよく相談してから、覚悟して、決断してください。

日本政策金融公庫総合研究所の「2023年度起業と起業意識に関する調査」でも示されているように、起業時に借り入れを行わない人は、起業家で83・1%、パートタイム起業家で89・1%という結果が出ています。つまり、**多くの起業家が、自分の資金でスタートしている**ということが分かります。借り入れは、事業を拡張する際や、2つ目以降の事業を始める際に検討すればいい。そのときには、実力や信用も大きく向上していることでしょう。私は保守的なためこのような考え方を持っているのですが、あなたはいかがですか？

STARTING a BUSINESS

030

自己資金はどのくらい出すのか？

　前項でも触れましたように、起業時に融資を受ける人は少数派です。つまり、まずは自己資金で始めたほうが安心ということです。では、その「自己資金」とは、具体的にいくらくらいの金額なのでしょうか？

　日本政策金融公庫総合研究所の「2023年度新規開業実態調査」によると、最近は**開業費用が少額化している**傾向が見て取れます。調査では、開業費用が250万円未満の人が20・2％、250〜500万円未満が23・6％で、4割以上の人が500万円未満の範囲内で収めていることが分かります。

　これを時系列で見ると、1993年の開業費用の平均はなんと1750万円だったのです。でも、それが30年後の2023年には1027万円にまで減っています。つまり、30年の間に開業費用は、平均して723万円も減っているわけです。

新規開業費用(2023年)

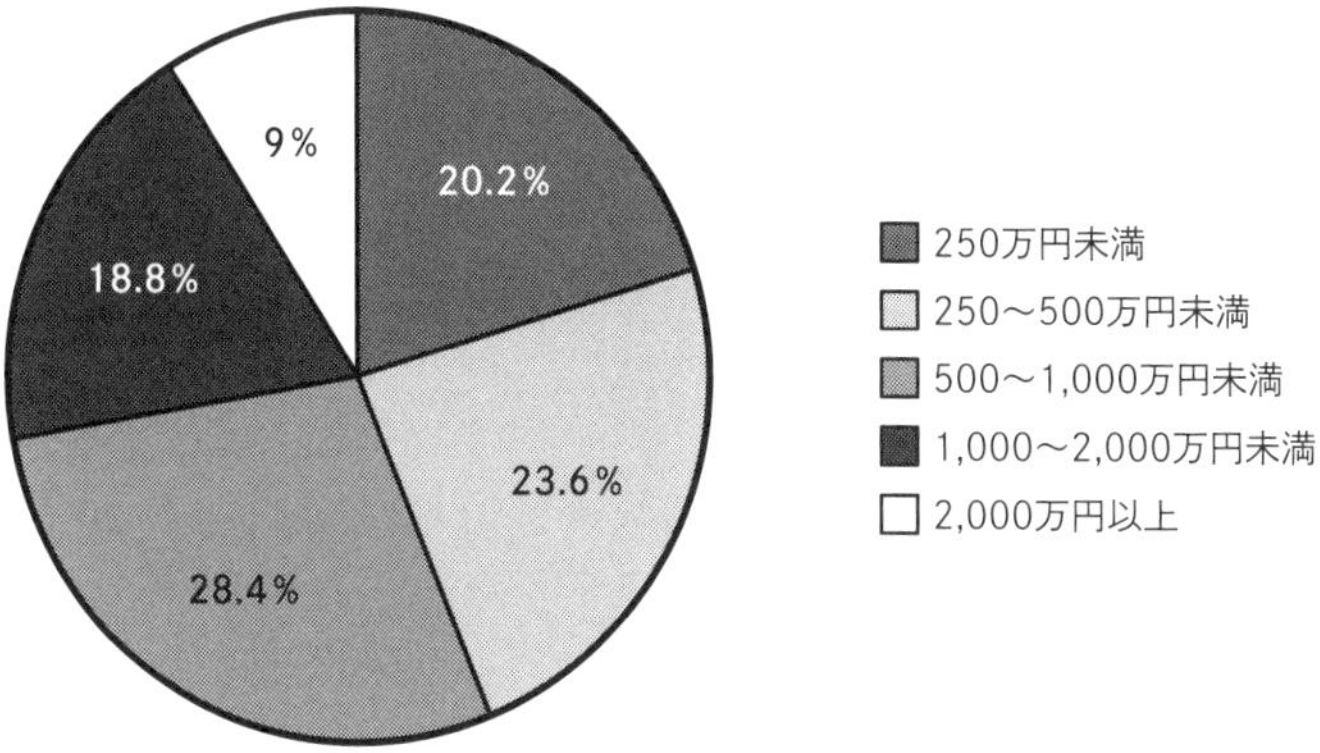

※出所：日本政策金融公庫総合研究所
※経営している事業に充てている時間が1週間当たり35時間以上の起業家(91.5%が個人企業)

しかし、減ったとはいえ、まだまだ多くの人がこれだけの巨額を開業に投じていることに驚かされます。そして、そのほとんどが借り入れをせず、自分のお金で始めているのです。信じられますか？

もちろん、全員がそうではありません。融資を受けなければスタートすることすらできない事業もあります。不動産業や、店舗を構える飲食業などは自己資金だけではどうしても足りないでしょう。

前にも書きましたが、私はどうにも小心者です。人生を懸けるような大金を初めてのことにいきなりつぎ込むなんて、考えただけで胃が痛くなります。確かに、借り入れをしなければ、これから上がっていく金利の心配もないし、もし失敗したとしても、人に迷惑をかけることはない。そういう安心感は確かにあります。だからといって、私はいきなり巨額の資金をつぎ込むことには抵抗がありました。やっぱり、怖いのです。

なぜって、これまでの人生で、初めてやることがうまくいった試しがないからです。ゴルフをやってみたら、空振りの連続。初めてのコースでは、OBや池ポチャでボールが足りなくなる。テニスではボールをホームランのように飛ばしちゃうし、かと思えば野球では三振ばかり。受験に至っては、模試を何度も受けて、ようやく平均点に届く程度でした。何度も挑戦してみて、どうにも向いてないことは避けるようになったし、何とかやれそうなことは練習して、そこで初めてできるようになったこともあります。ビジネスだって、きっと同じですよね？

だから私は、スタートするときは最大でも100万円までにしておこうと決めました。借り入れをしないとしても、それ以上の大金を動かすのは、ある程度の経験を積んでからにしようと決めてきました。あなたなら、どうしますか？

STARTING a BUSINESS

031

起業に必要な三つの知識

インターネットを駆使すれば、本業や育児の合間に準備を進めることもできるようになり、起業のハードルは10年前と比べるとかなり低くなりました。しかし、事業は立ち上げた後からスタートするわけですから、長く継続できるように最低限の基礎知識を得ることも必要です。

そこで、必要な知識を大きく三つに分けて考えてみます。

① 売上を上げる知識
② お金を管理する知識
③ 良好な人間関係を築くための知識

この三つの知識が、成功したい起業家にとっては欠かせないものとなります。
それぞれについて詳しく見ていきましょう。

売上を上げる知識

本書の冒頭でお話ししたように、起業とは事業活動をすることで収益を上げるための活動です。売上がなければ、それはただの趣味やボランティア、悪く言えばママゴトになってしまいます。

では、どうやってお金を稼ぐのか？

ここでカギとなるのが「**マーケティング**」です。マーケティングという言葉は、その概念の広さから、具体的に何をするのかイメージしづらいでしょう。ですので、ここではあえてシンプルに説明します。起業の第一歩、最初の段階で最も必要になるマーケティングとは、ズバリ…

「お客さまが欲しい商品やサービスを購入しようとしたときに、あなたの商品やサービス（の情報）が、お客さまの目の前にある（出てくる）」ようにすることです。

言葉にするのは簡単ですが、これを実現するためには、やるべきことがたくさんあります。

まずは、どんな人が、いつ（どのようなきっかけで）、何のために、どのような商品やサービスを購入したいのかを考えなければいけません。そして、その人はどこで、どうやって商品やサービスを探すのか、何を基準に選び、購入を決定するのかも考える必要があります。

こう聞くと難しそうに感じるかもしれませんが、本書を手に取ったあなた自身について考えてみると、何かが見えてくるかもしれません。例えば、次の点について考えてみてください。

- 自分はどんな人？（年齢、職業、年収、居住地など）
- 何のためにこの本を手に取った？（稼ぎ方を知りたかった、副業に興味があったなど）

- いつそう思うようになった？（会社で嫌なことがあった、YouTubeで見たなど）
- どこでこの本を見つけた？（最寄り駅の書店、Amazonのおすすめなど）
- なぜこの本に決めた？（初心者向けと感じたから、著者を知っているからなど）

このように、自分事として考えてみると輪郭がハッキリしてくるのではないでしょうか。

例えば、自分のような人に向けて、「起業初心者向けのガイド」や「副業に関する情報をまとめて、AmazonのKindleで発表する」こともできるでしょう。会社で嫌なことがあった人に向けて、YouTubeでその対策情報を広めるのも一案です。

ここで重要なのは、**すぐに結果が出るかどうかではなく、まずはこのようなアプローチで動き始めること**です。そうすることで、次のステップが見えてきます。

お金を管理する知識

次に重要なのが、お金を管理する知識です。これを専門的には「会計」と呼びますが、なにも簿記や財務の専門家になろうという話ではありません。初心者向けの家計管理に関する書籍を一、二冊読んでおく程度で十分です。

お話ししましたように、個人事業で得られるお金は、毎月決まった額が振り込まれるお給料とは違います。当然、最初のうちはお金が出ていく期間が続くことになります。そのため、本業の会社から得る給料を事業に回すことになります。故に、生活費や教育費、娯楽費、貯蓄、投資、保険、税金といったお金の配分が少し変わってくることになります。言い換えれば、配分を変えなければ、事業はできないのです。そのために、少しでもお金について知り、考える時間を持つことが大切です。

最も大切なことは、**これまでの生活における毎月の収入と支出、そして新たに始めた事業の収入と支出をきちんと把握すること**です。最初のうちは支出が増えることになります。これは当然のことです。しかし、正しいマーケティングを続ければ、次第に収入が支出を上回り、逆転していきます。何年やればいいということではありません。正しい行動を正しい量、積み上げていくことです。原則として、**不必要だと思う支出は削減し、売上を伸ばすために必要だと判断したことには資金を投下します**。ただし、最初の段階では借り入れは考えないほうがいいでしょう。アクセルを踏むタイミングはもう少し後でやってきます。最初はあくまでテストです。

こうした収支の管理に手間をかけたくない場合は、事業用の銀行口座とクレジットカードを新たに作成しておきましょう。プライベートと事業の収支が明確に分かれるため、管理しやすくなります。定期的にデータをExcelに入力すれば、収入と支出の内容を把握でき、過不足が見えてきます。例えば、「この3ヵ月月間、広告宣伝に1円も使っていない」といった具合に、売上を増やすためにどこに資金を配分するべきかが分かるのです。

良好な人間関係を築くための知識

最後に、良好な人間関係を築くための知識についてお話ししましょう。起業初期は一人で全ての仕事をこなすことが多くなりますが、やがて、パートナーや外注、取引先との関わりが増えていきます。ですので、この分野についての知識を持っておくことは、決して無駄にはなりません。実は、私自身も過去に人間関係に悩み、それが原因で会社を辞めてしまった経験を持っています。人間関係はいつも難しいものです。価値観や物事の優先順位、仕事に対するスピード感が異なるとお互いに距離を縮めることが難しくなり、時には衝突することもあります。

そのような人間関係において、起業することで会社勤めより明らかに優れている点を挙げるならば、**嫌な人と付き合う必要がない**ことです。距離を置いたり、場合によっては関係をシャットアウトしたりするのも、自分の自由です。私自身は今、価値観の合う仲間に囲まれて平穏な人間関係の中で仕事ができています。たとえモンスターのようなクライアントに遭遇することがあっても、信頼できる仲間と話すことで傷を癒やし、再び前に進む力を得られます。

一人で起業する際、最も悩まされるのが、お客さまとのミスコミュニケーションです。時には、どれだけ誠意を尽くしても、こちらの意図が伝わらないこともあります。そうした場合、無理に納得させようとするよりも、潔く切り替えたほうが賢明です。

次に直面するのが、外注先との関係です。フリーランスには、途中で仕事を放り出してしまったり、いきなり契約解除を申し入れてきたりする人もいます。そのため、自分に合う外注先は、それこそ簡単には手放してはいけない貴重な存在です。多くの人が外注先を金額だけで選んでしまいがちですが、その選択は慎重に行うべきです。相手の信頼性や仕事の質を見極めることが、長い目で見れば最も大切な要素となるからです。

外注先とのトラブルは、曖昧な約束や契約の不備から生じることが多いです。「話が違う」というやつですね。作業にかかる時間、求められるスキルレベル、成果物の評価基準、納期など、事前に取り決めておくべきことが山ほどあります。

トラブルのないアウトソーシングを実現するためには、自分の業務についてしっかりと把握し、日々の活動の中でそれを明文化していくことが求められます。一人作業では感覚で済ませてしまいがちですが、それを具体的なマニュアルや数字に落とし込むことが大切です。

例えば、「きれいにする」という作業ひとつとっても、自分の「きれい」と外注さんの「きれい」には差異が存在します。何をどれだけ、どのように行うことで、結果としてどのような状態になっていれば「きれい」と評価されるのかを明確にしておけば、トラブルの発生を防ぐことができます。

定期的に、**どの業務を外部に任せることができるのか、逆に自分が必ずやらなければならない業務は何かを明確に切り分ける作業を行いましょう**。例えば、ある程度の利益が出るようになったら経理や確定申告業務は会計事務所に委託することで、日々の記帳作業に伴う煩わしさだけでなく、専門知識の不足や誤りの心配からも解放されます。業務の重荷はどんどん切り離していきましょう。

なお、２０２４年11月からはフリーランス新法が施行されます。この法律により、フリーランス外注を利用する際には、納期や報酬金額を明記した契約を締結することが求められるようになります。従業員を雇っていない場合は直接の影響はありませんが、契約の締結が常識となる流れが進んでいますので、準備しておくことが大切です。項目77から詳しく解説します。

STARTING a BUSINESS

032

画期的なアイデアはいらない

起業するためには、「革新的な発明」や「画期的なアイデア」が必要だと考える人もいますが、実際には、そうしたものが却って失敗のリスクを高めることがあります。なぜなら、「誰も知らないもの」は売れるかどうかも分からず、その存在を世の中に知らしめるためだけでも、膨大なコストがかかってしまうからです。したがって、初めて起業する場合や、資金に余裕がない場合には、こうしたリスクの高い挑戦はなるべく避けたほうがいいでしょう。

Uber Eatsを始め、今や世界中でサービスを展開しているUber。日本では、飲食の出前サービスの進化版として広く知られていますが、世界ではライドシェア（自動車配車プラットフォーム）として認識されており、２０２４年には売上高が1兆５０００億円に達すると予測されています。

Uberのサービスは、一見すると最先端の技術を駆使したものに見えますが、その実、やっていることは至ってシンプルです。タクシーが捕まらず困っている人と、客待ちをしているタクシー運転手や、手軽にお金を稼ぎたいドライバーを結びつけているだけのことです。双方にメリットがあり、アプリを利用して簡単に車両を探せること、事前に時間や運賃が分かること、車種を選べることなど大変便利に感じられます。しかし、実はこれも、すでにほかのサービスで使われていた技術を組み合わせたものです。

もちろん、既存の技術を巧みに組み合わせた結果、現代人のニーズやウォンツに応えた素晴らしいサービスが生まれたため、Uberはこれほど急速に普及しました。しかし、タクシーの配車という概念自体は、以前から電話を通じて行われていたものであり、**世の中の人が全く想像もしていなかった発明なのかと言えば、そうではない**ということです。

まだこの世の中にはない、新しい、画期的なアイデアを生み出そうと苦しむよりも、今あるものを組み合わせたり、少しアップデートしたり、アナログをデジタルに変換したりするほうが、実現する可能性が高くなります。

STARTING a BUSINESS

033

まず、適性を知る

起業アイデアを考えるとき、多くの人が「好きなこと」や「やりたいこと」、または「得意なこと」から発想を得ようとします。しかし、その前に重要なのは、**自分自身の適性を理解すること**です。つまり、自分に向いているかどうかを見極めることです。どんなにやりたいことがあっても、その過程でやらなければいけないことが自分に向いていない場合、そのアイデアを実現することは難しくなります。

例えば、自分の代わりに〝物〟に働いてもらおうと、ネットショップを開業したいと考えたとします。確かに、講師業などと違い、物販であれば自分が表に出なくても売上は上げられます。しかし、その運営には、検品や梱包、宅配便の手配、商品ページの作成など多くの雑務が伴います。もし、これらの作業が苦痛で仕方がない場合、そのビジネスを軌道に乗せることは難しいでしょう。特に最初は社員や外注を頼む余裕がないため、自分で全てをこなさなければならないのです。

また、起業アイデアを出そうと過去の振り返り作業などを行い、「内部対話」を繰り返している人もいますが、**自分の中に入っていない情報を引っ張り出すことは不可能**です。適性の確認を行ったら、次はインプット。具体的には、どのような事例や前例があるのかをたくさん知ることで、自分がやりたいことを見つけ出すことができるようになります。

以下に、自分の強み（適性と保有スキル）を探すための質問をいくつか挙げておきます。

これらの質問に答えることで、自分の強みを客観的に把握してみましょう。

①褒められても「えっ？　そんなの当たり前なのに」と思ったことは？
具体的にどのようなことについて褒められましたか？

②会社や同僚、先輩などから「何に強い人」と呼ばれていますか？
もしくは「何に詳しい人」や「何に得意な人」と呼ばれていますか？

③ あなたが「自分は周りの人とここが違う」と思うことは何ですか？
特にどのようなスキルが違うと考えますか？

これら三つの質問を自分に投げかけ、何も出てこないという方は、まずは時間と労働力を売ることを考えてみましょう。
一方、自分のスキルではなく、自分の外側にある資源も探っていきましょう。

A あなたのご両親や兄弟、姉妹、親戚のお仕事は何でしょうか？

B
あなたの親友や知人のお仕事は何ですか？

「　　　」

C
あなたの生まれた場所、育った場所、住んでいる場所や、そこの住人たちから得られるものは何でしょうか？

「　　　」

034

「名もなき強み」が起業のカギになる

強みには二種類あります。一つは、自分自身の興味関心から生まれる「専門性」。そしてもう一つは「教えるのが得意」「情報収集が速い」「そこにいるだけで空気が和む」と人から言われるような「名もなき強み（才能）」があります。専門知識は自分で狙って身につけているので分かりやすいでしょう。しかし、「名もなき強み（才能）」の場合は普段自分では意識していないことが多いものです。いわば「自分にとっては当たり前のこと」なので、それを起業に生かそうとはなかなか思い至りません。

では、どうやってこの「名もなき強み」を見つけたらいいのでしょうか?

一番いい方法は意外とシンプルです。**あなたのことをよく知っている人に話を聞くこと**です。友人や家族、同僚など、普段接している人たちに尋ねてみましょう。「私の長所って、どんなところだと思う?」といった感じで聞いてみると、自分が無意識にやっていて、なおかつ周りの人から喜ばれることが見えてきます。例えば、「話を聞いてくれる」「声がいい」「笑顔がかわいい」「一緒にいると落ち着く」なんて言われたことがあるなら、カウンセラーやコーチといった「人の話を聴く仕事」に向いているかもしれません。ちなみに、そういった起業アイデア候補に気づくためには、たくさんの事例や前例を知っておくことが大事です。そうすることで、「あ、もしかしたら自分にもできるかも？」と感じることができるのです。

また、「ただ話を聞いてくれるだけじゃなくて、解決法まで教えてくれるのがいい」と評価されることが多い場合、コンサルタント的な仕事に向いているかもしれません。あるいは、「コミュニケーションがうまいね」とか「特定の業界に友達が多いね」なんて言われたことがあったら、マッチングや仲介業などの選択肢も考えられるでしょう。

自分が無意識にやっていることは、なかなか自分では分からないものです。けれど、他人は案外それを見ていて、しかも強く求めている場合もあるのです。だからこそ、そういった「名もなき強み」を発見するには、他人の意見に耳を傾けることがとても大切になります。

035
「どうありたいか」だけはブレてはいけない

これまで25年以上、延べ6万人以上の起業したい会社員を見てきましたが、いつの時代も、**「失敗する人にはたった一つの共通点がある」**と言えます。

それは、**「自分がどうありたいか」がすぐにブレてしまう**ことです。これは「何がやりたいのか」とは異なります。実は意外と、成功している人でも「何がやりたいか」はコロコロ変わることがあるのです。「自分はこれしかできない」と変化を拒むよりも、時代や自分の成長、お客さまの声に合わせて柔軟に変わることができる人は、当然ながらヒットを打つ確率が高くなります。

ですが、例えば、昨日は「野球選手になりたい」と言っていたのに、今日になると「やっぱり宇宙飛行士になりたい」と、明日には「結局普通が一番。会社に勤める普通のパパでいい」などと、自分がどうありたいかがすぐにブレてしまう人は、結果的に何者にもなれずフェードアウトしてしまうことが多いです。

具体化しすぎる必要はありませんが、例えば「起業家になりたい」「社会的弱者の自立を助けられる人になりたい」「有名人になりたい」といった大まかな軸を持っているだけでも、そのためにできること、やってはいけないことを把握し、自分が進む方向を定める助けになります。具体的に何をしたらいいのかが分からなくても、「私は○○になりたいのですが、何から始めればいいですか？」と質問することができれば、アドバイスを得たり、自分で調べたりするといった次の行動につなげられます。「私は何になりたいのでしょう？」では、答えられる人はいません。

もちろん、日常生活で「自分がどうありたいか」を深く考えることはないでしょう。「毎日の仕事や子育てで頭がいっぱい」という人がほとんどで当たり前。だからこそ、改めて向き合うことには大きな価値があります。具体的な言葉が出てこない場合は、まず「起業家になりたい」というところからスタートしてみてはいかがでしょうか。それさえブレなければ、どんなビジネスをするにしても、いつかは起業家にたどり着きます。活動を続けるうちに、次第に使命（ミッション）に出会い、「○○をする／○○ができる起業家」といった具体的な言葉に変わっていくことでしょう。

例えば、大手部品メーカーで働いていたSさんは、職場環境の変化やキャリアの行き詰まりに悩んでいました。Sさんはものづくりが大好きで、現場で一人黙々と仕事をしているのが楽しかったのですが、人手不足の影響で営業にも出なければならなくなり、仕事に楽しさを感じられなくなっていました。

周囲から見ると、Sさんの収入は安定しており、残業や休日出勤もなく恵まれた環境に見えました。しかし、当の本人は「何かが足りない」と感じている。自分が何に不満を感じているのか、そして仕事に何を求めているのかを考え続けましたが、なかなか決定的な答えを見つけることができませんでした。そんなモヤモヤが続いていたSさんですが、ある日、自宅の棚の整理をしていると、「単にいらないものを捨てるのではなく、ネットで売ってみようかな」と思い、初めてメルカリにチャレンジしてみました。出品作業はとても面倒で、大したお金にもならなかったため、「こんなに大変なら次からは捨てたほうがいい」とも思ったのですが、よくよく考えてみると、その作業中は誰に指示されることなく、全て自分で考え、自分で作業し、面倒ながらも充実した時間を過ごしていたことに気づきました。そのような体験を経て、自分にとっては「仕事内容やポジションにかかわらず、自分で行動を自由に決められる立場であることが最も大事」なのだと分かったのだそうです。

Sさんは、一念発起して起業を目指すことに決めました。内容には特にこだわらず、極端にいえば、自分にできることなら何でもいいという気持ちでした。Sさんは考えた末、自分自身が本当にどうありたいのか、それを実現するために何をするべきかを熱く語れる場を作ろうと決め、動き出しました。暑苦しい話を自由に語れる場や、一見面倒な人の話を聴いてくれる人はそう多くないため、自身がそうした場を望んでいたこともあり、需要があると踏んだのです。定期的にカフェ内の会議室を借りて、語り場を開催しました。

Sさんは主にスケジュール管理を担当して、仲間たちから会費収入を得ています。会議室代を支払っているので大きな儲けにはなりませんが、ストレスを解消でき、人脈も増えました。今では、「たくさんの人が生きがいと出会う瞬間を見るのが楽しい」と感じる〝やりがい〟も見つけ、本業にも良い影響を与えているようです。

起業を目指す人は、「何をすれば儲かるのか」という視点で考えがちです。そして、アイデアが出ないと挫折してしまいます。思い悩んだときは、「あり方」に着目してみてください。自分がどのような人になりたいのか、そのためにどのような手段があるかを考えてみると、見えてくるものがあります。

STARTING a BUSINESS

036

ないものは無理に求めない

ないものをいくら求めても、「ないものはない」。

起業の場合、最初は全て自分でやらなければいけないので、つい、「自分にないもの」「できないこと」もやろうとしてしまいます。ですが、ないものはない、できないものはできない。であれば、**さっさと代わりとなる手段を考えるほうが得策**です。

例えば、「カウンセリング業を始めたい」と思い立ったものの、「今の自分にはスキルが足りないから、まずは資格を取ろう」と考える人は少なくありません。もちろん、資格を取ること自体は悪いことではありません。しかし、資格取得が開業の「絶対条件」ではない限り、資格取得に要するコストや期間は、起業の壁になってしまう可能性が高いのです。勉強をして資格を取るのが1〜2年後だとして、そこから実務経験ゼロの状態でカウンセリング業をスタートして、すぐにお客さまがつくでしょうか？　正直言って、絶望的に難しいと思います。それよりも、今すでにやっていることに名前をつけてサービス化したり、今の自分にとって簡単にできることから始めて、早くビジネスを立ち上げるほうがよっぽど成功率は高まります。

以前、都内でカレー専門店の起業を考えていたOさんという方がいました。ただ、都内でカレー専門店を出せる資金がなく、加えて住宅ローンも抱えている状態。さらに借り入れをすることに家族がいい顔をしなかったことから、しばらく何もできずにいました。ですが、Oさんは諦めることなく、それでもカレー専門店を持てる方法はないか真剣に考え続けました。真剣に、そのことだけを考える。そうして脳内に「フック」ができると、入ってくる情報が変わり、行動も変わるものです。やはりOさんの行動も変わりました。行きつけの恵比寿のバーに行き、その店主と交渉し「ランチ営業の3時間だけ店舗を貸してほしい」と依頼したのです。普段からOさんの想いを聞いていた店主は、快く店舗を貸してくれました。カレーランチは繁盛し、その資金を元手に地元に小さな店を持つことができたのです。

つい「店舗がない＝飲食店はできない」という先入観を持ってしまいますが、それでは前に進めない。ないものを無理に求めず、「ならどうする？」とさまざまな選択肢を思いつく力こそ、起業家に必要な発想です。

a BUSINESS

037

アイデアがある人は「やり直し」

「起業したい」と考える人は、多くの場合、起業アイデアを持っています。しかし、逆に「起業したいのにアイデアが見つからない」「まとまらない」と苦しんでいる人もいます。

ですが、私は**「最初はアイデアなんていらない」**と考えています。むしろ、基礎知識がない状態でのアイデアはただの思い込みであり、実は危険なのです。

考えてみてください。例えば、あなたの本業の会社で、業界のことを何も知らず、就業経験もない大学卒業したての新入社員が「絶対儲かる事業があるので、やらせてください！」と言ってきても、誰もその提案を受け入れないでしょう。筋トレの知識や経験が全くない人がトレーニングメニューを組むのと同じようなものです。それを実行することはできないでしょうし、やったところでむしろ体を壊してしまいます。

もちろん、全否定するつもりはありません。中には画期的なアイデアがあるかもしれない。しかし、「自分の強みが分からない」「保有しているリソースの洗い出しもしていない」「マーケティングのことを何も知らない」「インフルエンサーほど知名度があるわけでもない」。そんな人が考えた儲け話がうまくいく可能性はどれくらいのものでしょうか。

以前、このような方がいらっしゃいました。自分が考えた便利グッズを商品化したいと考えていたYさん。彼女は自前のネットショップで販売するのではなく、大手メーカーで製造&流通をしてもらうことを想定していました。つまり、商品を売るのではなく、企画開発自体をサービスとして提供する構想を持っていたのです。

しかし、実際にオリジナル商品のアイデアを手紙で書いて企業に持ち込んでみると、どこも丁寧に返事はくれるものの、それ以上の話には進展しませんでした。ほぼ門前払いのような状態です。これは当然の結果だったと思います。手紙を送ったYさんの行動力は素晴らしいですが、業界知識も商品企画開発の経験もなく、その企業が持つリソース（生産設備や人員など）についても理解しておらず、金型や資材調達のコストについても考慮していなかったのです。また、流通についても何も知らない状態でした。市場調査を行ったわけでもなく、自分が欲しいグッズの案をただ送りつけただけの状況だったのです。実際、Yさんはそのアイデアを発明品コンテストにも出しましたが、採用されることはありませんでした。返事をもらえただけでもラッキーだったと思います。

Yさん自身は、便利グッズを考案することを楽しんでいましたので、これが趣味であればそのまま続けてもよかったと思います。しかしあくまで起業を目指していました。そこで私は、次のようにお伝えしました。「正直、向いているとは言えない発明よりも、むしろYさんにとって『すでにできていること』をビジネスにしたほうが早いです」。実はYさんは会社で人事の専門家として活躍しており、同僚や後輩から仕事や人生に関する相談を多く受けていました。発明よりも、人のキャリアや適性についての相談に乗るほうが、彼女にとっては慣れ親しんだ活動なのです。

そこで私は、まずはメインのサービスとして人事のコンサルティングや代行を提案しました。発明はあくまでその延長線上に位置づける。例えば、人事部の研修に使えるゲームや、悩みを吸い上げるための制度の開発など、別で生かしたほうがいいと考えました。

Yさんは現在、中小企業専門の人事コンサルタントとして、また社内面談を担当するカウンセラーとして活動し、月に30〜50万円の売上を上げています。将来的には、社内面談のカウンセラー資格を開発し、スクールを経営することを計画しています。そして、そのスクールの教材として自身の発明品を活用することを夢見ているのです。

STARTING a BUSINESS

038

「メンター」に憧れてはいけない

「メンターを作れ」。これは、今やどの起業本にも書かれているアドバイスの一つです。メンターとは「指導者」や「助言者」という意味で、自分の成長をサポートしてくれる存在です。

起業において、メンターを持つのはいいことだと思います。なぜなら、**起業には悩みや課題がつきものであり、それを相談できる相手は限られている**からです。家族や身内に相談したり、弱音を吐いたりすると、心配されたり反対されたりする可能性が高い。そうした状況を考えると、「自分が目指している道をすでに歩んで成功している人」がメンターなら理想的です。

ただし、気をつけなければならない点が一つ。**メンターが「あまりに遠すぎる存在」である場合、あまり参考になりません。**メンターに憧れてはいけない。彼らの行動や判断基準をそのまま自分に当てはめようとすると、現時点の自分にはできないことが多く、却って自信を失ってしまう可能性があります。また、「メンターと自分の年齢が近い」ときは、ついつい比べてしまいがちです。そんなときは、比較すること自体が無意味であることを思い出してください。**メンターはあくまで参考にする存在であり、自分自身の道を進むための指針の一つに過ぎないのです。**あくまで最終決定権は自分にある。自分自身の価値観や基準に従って起業すればいいのです。

また、メンターにあまりにも心酔しすぎて、「安く使われる」など、その感情を利用されてしまうケースも見受けられます。特に心の優しい人ほど、そういった状況に陥りやすいかもしれませんが、それは決してよいことではありません。

メンターは大切な存在ですが、目的は最終的に自分の足で自立すること。起業準備を始めてお客さまが徐々に増えてくると、自然と「精神的な自立」ができるようになります。そして、売上が伸びるにつれて、「経済的な自立」、さらに「社会的な自立」へとつながっていきます。そこまで支えてもらう。これこそがメンターを持つ本当の目的です。

世の中には驚くほどすごい起業家が存在します。

Apple の創業者スティーブ・ジョブズ、Amazon の創業者ジェフ・ベゾス、SpaceX のイーロン・マスクなどのような億万長者の自伝を読むと、「なるほど！」と感銘を受け、彼らがかつては自分と同じような起業家の卵であったことに勇気をもらえます。そんな偉大な人物や有名な成功者から学ぶことは、決して悪いことではありません。しかし、先述のメンター同様、ほとんどの人にとって彼らはあまりにも遠すぎる存在です。彼らの成功体験をそのまま参考にすることはできません。そこに気づかず、彼らの成功に影響を受けたからといって、何もしていないのに自分が変わったような気になったり、急にこれまでと極端に違う言動を取ったり、周囲にマウントを取ったりするのは、正直言って痛くて見ていられません。本当に大切なのは、その「学び」を日常にどう取り入れるかではないでしょうか。つまり、「**明日の自分の行動にどう落とし込むか**」です。そして、その行動を実践する。これにより、初めて学びが意味を持ちます。

織田信長や豊臣秀吉、徳川家康のような歴史的な偉人に影響を受けたからといって、自分がその偉人になったつもりで振る舞う人はいないでしょう。同じ時代に生きているからといって、起業に関しても「表面的にただ誰かの真似をする」ことに意味はないのです。

STARTING a BUSINESS

039

すぐに結果を出す人の共通点

起業して早い段階で結果を出す人には、いくつかの共通点があります。以降、四つに分類して解説していきます。

①「すでに売れているもの」から売り始める

直近で売れている商品はすでに「需要がある」ことが証明されているので、当然売りやすい商品です。売れているものを仕入れることができれば、すぐに販売を開始し、売上をつくることができます。最も簡単なのは、「同じ型番のモノ」を仕入れて売ることです。例えば、リサイクルショップで仕入れたビデオカメラ、プリンター、ヘッドホン、ポメラなど。これらの人気商品を見極めて転売する人もいます。このように、すでに市場で需要がある商品の場合、販売は比較的スムーズに進みます。

一方、「サービス」については、その提供者のスキルや個性に依存するため、同じ内容でも売れないことがあります。しかし、執筆代行、動画編集、占い、コーチングなどのサービスは、比較的売れやすいジャンルとして知られています。

②「商品知識」や「ユーザー体験」があるものを売っている

自分が詳しいジャンルや、目利きできるモノ、または自分でお金を払って利用したことのある商品やサービスがある場合、そのメリットやデメリットをしっかり把握しているはずです。その知識を生かして、その商品やサービスのよい点や物足りない点を紹介したり、注意すべきデメリットを具体的に説明したりすることで、販売につながる可能性がありま す。顧客を紹介することができれば、紹介手数料としてコミッションを得ることもできますし、それをネット上で行えば、アフィリエイトの形で報酬を得ることも可能です。

③「手間のかからないビジネス」をしている

手間がかかるビジネスや、始めるのも続けるのも大変なビジネスは、小さく起業を始めたい人には向いていません。理想的なのは、「今やっていること」をそのままビジネスに転換することです。新たに何かを始める場合でも、「今の自分にとって、時間（手間）もお金も少なくて済むこと」から優先して選択するようにしましょう。

例えば、先ほどの例のように、常に決まった型番の商品を仕入れて販売するだけなら始めるハードルは低くなるでしょう。具体的には、「メルカリ」や「Yahoo! オークション」でその商品の過去の販売実績と価格を調べ、その情報をもとに店舗で商品を仕入れて、採算が合うかを定期的にチェックするだけです（ただし、古物商許可が必要です）。このようなシンプルなプロセスなら、手軽に始められるビジネスとして適しています。

中古品ではなく新品を扱いたい場合には、少し違った戦略が必要です。例えば、Amazon や BUYMA などのプラットフォームを活用して、海外のメーカーや供給元から商品を仕入れて販売する方法があります。BUYMA での販売は、特にヨーロッパ域内に商品を仕入れるための協力者が必要となるため、やや難易度が高いかもしれません。しかし、Amazon やメルカリで日用品を扱う場合には、中国のアリババなどのプラットフォームから直接仕入れることで、比較的簡単に始めることが可能です。

新品を扱う場合、特に最初のうちはなかなか利益が出せないと思います。競争が激しく、価格設定や仕入れのコストも影響するため、薄利多売状況になることもあります。そのため、まずは実績を積むことを目指し、その後、自社ブランドの OEM（Original Equipment

Manufacturing）品を展開するなど、次の展開を考えるのがいいでしょう。

④「ファン」や「濃い知り合い」がたくさんいる

SNSやYouTubeなどをやっていて、すでにファンができている人ならば、何か新しいことを始めるときも有利です。すでに関係性が築けているので、さらっと商品を紹介するだけでも、興味を持ってくれる可能性が高いです。

一例として、ユング心理学を活用したコーチングをしているMさんのケースをご紹介します。Mさんはセミナーや講座が開ける大きめのセッションルームを借り、その場所を活用して自身のコーチングビジネスを展開しています。自分のセッションがない日には、その場所をほかのコーチや師匠の勉強会に貸し出すことにより、新人コーチが実践の場を得ることができるだけでなく、Mさん自身も新たなクライアントと出会う機会を増やすことができています。このような形での交流やネットワーキングを通じて、広告宣伝にかかるコストや手間を大幅に削減しています。

040

成功しやすいビジネスの条件

小さくても成功しやすいビジネス、安定させやすいビジネスというものがあります。それらには「ある共通点」が存在します。ここでは代表的なものを解説していきます。

一つめは**オンライン主体のビジネス**です。コストの負担だけでなく、リスクも大幅に軽減することができます。まずは**コストの負担軽減**について。オンラインは物理的なオフィススペースや店舗を必要としないため、賃料や光熱費、内装費といった固定費を大幅に削減することができます。従業員を雇う場合も、通勤手当や交通費の支払いが不要になるため、総合的な人件費も抑えることができます。さらに、セミナーや講演もオンラインで開催することで、会場費や設備費も削減できます。

続いて**リスクの軽減**について。真っ先に挙げられるのは、天災やパンデミックなどの不可抗力による影響を受けにくくなることです。また、オンラインは地理的な制約を超えて活動することができるため、その地域に住んでいる人しか足を運べないといったこともありません。

オンライン化が進んだことで「日本中がライバルになり、競争が激しくなる」という意見もありますが、それは一面に過ぎません。**コストの軽減、リスクの軽減、時間の効率が大幅に向上したことは、小さく起業する人にはむしろメリットのほうが大きい**と考えられます。小規模でスタートするからこそ、柔軟性とスピード感を持つことができるのです。これは大企業にない強みであり、まさに現代の起業家にとっての「特権」と言えます。

二つめは**利益率が高いビジネス**です。小さな起業は、基本的に自分一人か、家族に手伝ってもらうくらいの規模からスタートします。そうなると、常に人手不足に悩まされるわけですから、薄利多売でただ忙しいだけのビジネスや、時間を切り売りするビジネスでは長続きしません。体調を崩して止まってしまうようでは継続できないので、粗利に外注費を含めて計算しておくなど、値付けには十分気を配るべきです。

最初は自宅のスペースを使ったり、以前使っていたパソコンや、不要になって放置していた家具やスマホを再利用したりして、初期投資や運転資金を極力抑えましょう。

三つめは**在庫を持たないビジネス**です。「モノ」を売るビジネスでは在庫を持つことが一般的です。もちろん、受注生産や受注時発注（いわゆるお取り寄せ商品）もありますが、よほどほかでは手に入らない特別な商品でない限り、納期が長すぎるとキャンセルされてしまうこともあります。在庫があれば販売機会を逃さずに済みますし、入荷時に検品をして不良品を早めに見つけることができるため、トラブル防止にもつながります。

そのため営業の立場からするとどうしてもたくさんの在庫を持ちたくなってしまうのですが、過剰な在庫は資金繰りを圧迫します。ですから、在庫を持たなければならないビジネスを選んだ場合は、取引形態を工夫して、少しでも在庫を減らす方法を探さなければなりません。例えば、最小限のロットで発注することで過剰在庫を防ぐ、あるいは販売実績に基づいて需要を予測し、適切な在庫量を保つようにするなどの工夫が考えられます。

在庫を持つビジネスにはこのような課題があるため、そもそも在庫のないビジネスにしたほうが、資金繰りやリスク管理の面で安心です。デジタルコンテンツやオンラインコースの販売、コンサルティングやサービス提供などのビジネスは在庫が不要なので、検討してみましょう。

四つめは**定期収入を増やす**ことです。リピート商品、消耗品やサブスクリプションサービスを開発したり、ファンを育てたりといったことがカギになります。例えば、執筆の仕事なら、定期刊行物への執筆依頼を積極的に取りにいくのがよいでしょう。ネット通販では、繰り返し購入される消耗品や、売った商品の定期メンテナンスサービスを提供することでリピート顧客を確保できます。カウンセリングやコンサルティングであれば、顧問契約や定期的に相談できるコースに加入してもらうのも一つの方法です。オンラインサロンやファンクラブのような会費制のビジネスモデルも、安定した収入源となります。

単発の大きな仕事は大変魅力的ではありますが、小さくても「チャリンチャリン」と毎月入ってくる売上は大変ありがたいものです。ビジネスが軌道に乗ったとき、定期収入がどれだけ心強いものかが分かります。二つめ以降の商品として必ず組み入れるようにしてください。

CHAPTER 3

ビジネスの奔流を乗りこなして起業する

041

起業に必要な時間を見積もる

「日々の起業準備活動には、どれくらいの時間が必要なのでしょうか？」

このようなご質問をよくいただきます。

仮に、自分一人でスタートでき、なおかつ、たった一人のお客さまで成り立つ極めてシンプルなビジネスであれば、準備にかかる時間の目安は次のようになります。まず、**目標は「1日30分」**。できれば1時間。「そんなの現実的ではない」と思うかもしれません。実際のところ、子育てや介護で忙しい方には厳しいかもしれない。しかし、これまでに延べ6万人以上の会社員の皆さまと接してきた経験からすると、これは多くの方が「**何とかできるレベル**」だと思います。

最低1日30分。これを1週間で6日続けると、**半年から1年で結果が現れ始め、1年半から2年ほどで会社を辞められるレベルまで準備が整う**イメージです。半年で最初のビジネスを立ち上げ、その後1年から1年半で成長の軌道に乗せていく。これが会社員として働きながら始める起業の理想的なペースになります。

もちろん、ペースは人それぞれです。驚くほどの早さで結果を出す人、半年で息切れしてしまいペースダウンする人、数ヵ月ぼーっと過ごしてしまった後に再起動する人。中には3ヵ月で急成長を遂げる人もいます。現実は決してマニュアル通りにはいきません。言えることは、**「続けていれば実現する」**。それだけです。

最初の半年でやること（1年目前半）

最初の半年間で取り組むべきは、市場リサーチや起業アイデアの決定、商品の開発や仕入れ、さらにはその商品を販売するためのインフラ整備といった作業です。この段階では、**クリエイティブな作業が多く、最初は新しいことに挑戦する楽しさ**があります。しかし、次第にその過程で苦しさや焦りを感じることもあるでしょう。とはいえ、その試練を乗り越えれば、後の道のりはそれほど難しくありません。この時期が終わると、自分のアイデアが形になり、試行錯誤の先にある「成果」を目の当たりにすることができます。

次の半年でやること（1年目後半）

次の半年間で取り組むべきは、集客のための情報発信や資料作り、知り合いへの営業活動、そして商品やサービスの提供と顧客対応などです。この時期になると、雑務も増え、時間が奪われることも多くなりますが、**ビジネスとしては、ここまで来ればもう安心**です。

ビジネスが軌道に乗り始めると忙しくなります。そのため、効率化に向けても動き出さなくてはなりません。例えば、「集客↓顧客対応↓商品・サービスの提供↓アフターフォロー」といったルーティンワークをマニュアル化し、家族や協力者に委託することが必要になります。そのための**人材探しや交渉も重要となるステップ**です。人に委託する前に、まずはシステムや仕組みで効率化できることに着手していきましょう。例えば、情報発信のためのコンテンツ作りは毎回ゼロから考えるのではなく、ChatGPTに書かせてみたり、過去の発信内容を現在のニーズに合わせてリライトしたりすることで、手間が省けます。顧客対応の文章もテンプレート化しましょう。繰り返し寄せられる質問（ＦＡＱ）はまとめておいて、質問と回答をホームページに掲載したり、動画で回答したりするなどの対応が考えられます。

2年目でやること（2年目前半と後半）

2年目の前半には「ついで買い商品」を開発したり、情報発信をさらに強化したりしていく段階に入ります。このころには**多くのチャンスが舞い込むようになるので、コラボレーションや新規事業を考えるタイミングも訪れます。会社を辞めたくなるタイミングでもありますが、まだちょっと早い**です。利益は事業に再投資。より基盤を安定させます。

例えば、顧問税理士（記帳代行サービス付き）を雇うのもこのタイミングがいいですね。時間を節約するだけでなく、面倒な作業やミスへの不安からも解放され負担が軽くなるはずです。ネットショップを運営しているなら、梱包や発送、出品作業を委託することを検討してください。動画を活用した情報発信をしている場合は、編集作業を丸ごと外注し、シナリオ作成も任せることができるかもしれません。秘書代行サービスを利用すれば、面倒な請求書の発行や資料作成など、日々の雑務も手放すことができます。

「こんなに外注してしまったら、利益がなくなってしまうのでは？」と不安に思うかもしれません。しかし、これによってバックオフィスの作業が増えても怖くなくなり、自分の得意なことに集中できるようになります。費用対効果は抜群です。

STARTING a BUSINESS

042

商品より先に見つけるもの

「商品より先にお客さまを見つけてほしい」

これは、起業を考えている人に、私がよく伝えている言葉です。

どういうことかというと、**商品やサービスを作る前に、何かに困っている人を見つけて、その人に向けて自分ができることを考えるほうが早い**ということです。

特に、個人で起業を始める場合には、会社組織のような大規模な市場調査やプロモーションをすることができません。「これをやる」「これを売る」と自分の判断で決めてしまって、後から「誰か買ってくれませんか…?」とSNSに書いたところで、おそらく期待しているような反応は返ってこないでしょう。それよりも、知り合いや身近にいる人の困り事を見つけ、その人たちに買ってもらうことを考えたほうが効率的です。

例えば、私は昔から気管支が弱く、タバコや電子タバコの煙が得意ではありません。私が事務所を置いている東京の池袋という街は、喫煙可能な飲食店の比率が高く、完全禁煙のお店を探すのに結構苦労します。飲食店を探せるアプリやサイトでも情報が曖昧になっていることもあり、禁煙店だと思って行ってみたらモクモクだったなんてこともよくあります。ということもあり、いつも「誰か喫煙・禁煙を基準にして飲食店の情報をまとめてくれないかな」と思っていたりするわけです。

このような感じで、既存の商品やサービスに対して、「ちょっと物足りない」「もう少しこうだったらいいのに」といった思いは誰しも持っていると思います。その中で、「これなら何とか自分にもできそうだな」ということを選んで、お試しサービスや試作品を作って、その人に見てもらう。そんなことから始められたらベストです。

周りにそんな話ができる人がいなければ、**自分自身がどのようなときに「ちょっと物足りない」「もう少しこうだったらいいのに」と感じたか思い出してみてください**。自分と同じように思っている人はきっといるはずです。多くの場合、私たちはそのような身近な困り事に「適応してしまっている」ので、最初は思い出すのに苦労するかもしれません。

例えば、新しい職場で働き始めたとき。初めのうちは「なんでこんな効率の悪いやり方してるんだろう?」なんて思っていても、すっかり慣れきってしまい、今では新人に「うちはこういうやり方でやってるから」なんて説明していたりするものです。

「ちょっと物足りない」「もう少しこうだったらいいのに」の見つけ方

起業のヒントとなる「ちょっと物足りない」「もう少しこうだったらいいのに」を見つけるために、次のような質問を投げかけてみましょう。

①　あなたは何に困っていますか？
（例：お腹が出てきた）

②　「解決したい、楽しみたい」など、どうなりたいですか？
（例：5キロ痩せたい→つまり解決したい）

③　②の行動を取るのは「何のため」ですか？
（例：健康のため／高校生の娘に嫌われたくないため）

④　どのような方法で②の「解決した結果」を望んでいますか？
（例：食事制限をしないで痩せる）

⑤　あなたの年齢や性別、家族構成、居住地、勤務地、職業、収入、主な情報源は？

（例：48歳、男性、4人家族、千葉、東京、会社員、500万円、YouTubeなど）

右の回答例からは、「過去にダイエットをしようとして食事制限をしたけど、お酒を飲むとつい食べすぎてしまう」「運動も面倒になって、結局続かなかった」「もう少し楽にできる方法があったらいいのに」というふうに考えている心の声が聞こえてきそうです。

①から⑤まで揃った段階で、そんな自分（理想のお客さま）が**「絶対買ってしまう」と思うサービスを考えます**。仮にダイエット関連サービスでいくと決めたら、理想のお客さまの望み（ニーズ）を整理します。この例では、理想のお客さまが望んでいるサービスは、「5キロ痩せてお腹回りが細くなり、それでいて食事制限が楽で、運動も大変ではない続けられるダイエット方法」です。そしてその結果、高校生の娘さんに好かれることです。

ちなみに、理想のお客さまを空想の人物にしてしまうと、この望みが自分に都合のいいようにどんどん変化してしまいます。ブレないようにサービスを設計してください。ダイエットを指導することが自分の専門ではない場合には、また別の困り事がないか、自分自身や身近な人の話からリサーチしていきましょう。

この理想のお客さまが絶対買ってしまうと思えるサービスは、次のようなものでしょう。

①スーパーやコンビニですぐに買える安い食材で、簡単においしく作れる調理レシピ
②運動効果が3倍になる通勤靴とウォーキングシューズ
③寄り添い、励ましてくれるコーチ
④1週間続けられたときのご褒美
⑤娘さんからの印象が良くなるファッション、印象アドバイス
⑥目標達成後の月1フォローセッション

このようにピックアップしたら、例えば次のように考えるのはどうでしょうか？

自分にできるのは③と⑥なので、③はLINEを使って1日1回、食事の画像を送ってもらい、簡単なコミュニケーションを取ります。⑥は目標達成後に定期的に行います。①はネットや書籍でいくらでも情報は手に入るので、自分で試して良かったものを自分なりにまとめ直し、資料にします。②は自分で作ることはできないので、おすすめのブランドをアフィリエイトで自分を経由する形で購入してもらいます。④はクライアント同士で成果発表会的なことをしたり、オリジナルLINEスタンプをプレゼントしたり、ちょっとしたモチベーションになることを企画します。⑤は、知り合いやスキルシェアサイトで見

ペルソナ設定イメージ

性別	男性	生活パターン	挑戦していること
年齢	40歳	・平日9:00-18:00 仕事 ・18:00以降は趣味に費やす時間あり ・休日はたまに出勤あり（基本は家で過ごす）	・カウンセラーの資格取得 ・将来は起業を目指す
年収	500万円		
仕事	メーカー勤務営業　係長		
学歴	大学卒	**視聴しているメディア**	**悩み**
居住地	東京	・インターネット（iPhoneで視聴） ・YouTube ・Instagram ・X	・将来のお金の問題 ・起業したいがなかなか時間がなくてできない
家族構成	妻・子ども1人（娘）		
趣味	自己啓発本の読書・心理学 居酒屋巡り・旅行		

つけたアドバイザーとコラボして、娘さんからの印象アップ、痩せて見える服の選び方を併せてアドバイスします。

最初はこのような基本的な内容で構いませんので、仮に組み立ててみてください。繰り返しになりますが、空想のお客さまをイメージすると、「実は、たまにはマラソンをしたいと思っている」などと勝手なニーズを作り出してしまうので、ブレないことを意識してください。

STARTING a BUSINESS

043

売れている人、しかし同レベルの人から学ぶ

起業準備を始めたときにぶつかる壁は、誰もが同じようなものです。

- アイデアが出ない
- アイデアが出ても実現できない
- 集客がうまくいかない
- 集客はできるのに売れない
- 利益が出ない
- 安定しない

おおよそ起業の悩みはこのようなところです。原因は多岐にわたります。行動量が足りない、内容が的外れといった自分で改善できるものをはじめ、時代の流れや法規制、技術

の進化、大企業の動向など自分ではどうしようもない大きな波のうねりに巻き込まれることもあります。それから、メンタルや健康状態など、環境や日々の習慣から見つめ直す必要に迫られるときもあります。原因が特定できないと、「どうして思うような結果が出ないのだろう？」と焦ってしまうものです。そんなときは、**自分と似たような体力の人、自分と似たような商品やサービスを提供している人のやり方を観察**してみてください。

よくある間違いのパターンとして、例えば、あなたが人事コンサルタントになるべく会社員のまま起業準備を進めているのに、ライバルとして企業研修会社をベンチマークしてしまうようなことがあります。両者は信用力も営業力も何から何までレベルが違います。何より、あなたは昼の時間には会社にいなければいけないわけで、研修サービスを提供することなんてできないのです。

探すべきは、自分と同じレベルの人です。言い換えるなら、「**1年後の自分**」**として具体的にイメージできるくらいのポジションにいて、今まさに事業がうまく進み始めている人**です。その人が、似たような条件、つまり個人でどのようなビジネスをしているのか、どのようなサービスを売っているのか、そしてそれが本当に売れているのかを調べていきます。もちろん、教えてくれるわけがありませんから、その人と関係性を築くために近づいたり、それが難しいなら仮説を立てて、検証していくことになります。

こんな事例があります。占い師として独立したOさんのお話です。彼女は勢いで会社を辞めたものの、ほとんど稼げない状態に陥っていました。しかし一緒に独立を目指していたKさんはあっという間に占いスペースを持つようになり、どんどん売上を伸ばしていきました。Oさんは、「自分も店舗を持てば何とかなるかもしれない」と考えました。勇気のいる決断でしたが、渋谷駅前に時間貸しで1・5坪のスペースを貸してくれるサービスを見つけ、思い切って投資したのです。すると露出効果がすぐに現れて、間もなく周辺の飲み屋のオーナーが次々と顧客になってくれました。インバウンドの観光客も興味本位で訪れるようになりました。それだけではありません。小さいスペースで占いをしていることが情報番組で取り上げられ、さらにお客さまが押し寄せてくるようになったのです。今では、そのときにリピーターになってくれたお客さまからの依頼で「顧問占い師」として仕事をしています。もし彼女が参考にしたのがゲッターズ飯田さんのような超一流の占い師で、「私もアプリ開発をする！」なんて言っていたとしたらどうなっていたでしょうか？　あるいは、スキルシェアサイトで副業しているセミプロの占い師を参考にしていたら……。どちらの場合も、今のような成功には結びつかなかったでしょう。

STARTING a BUSINESS

044

全ては地味な作業から

起業準備を始めると、「思ってたのと違う！」と叫びたくなることがたくさんあります。華麗なる起業家人生、自由な時間、強い影響力、積み上がる資産…。それらは幻想とまでは言いませんが、残念ながら、もっとずっと先の話です。

ジェフ・ベゾス氏が1994年にAmazonを立ち上げたとき、最初のオフィスは自宅のガレージでした。彼はまず、オンラインで書籍を販売することからスタートしましたが、最初は商品の出荷作業を自分で行っていたのです。倉庫から本を取り出し、本を箱に詰め、郵便局に持ち込むという非常に地味な作業をしていました。それだけでなく、顧客対応も自分で行い、フィードバックがあれば丁寧に記録して、それをサービスの向上に役立てていきました。こうした地道な作業が、後に世界最大級の企業となる基礎を築いたのです。

民泊情報サイトのAirbnbは、2008年に設立されましたが、設立当初はサービスの認知度は低く、顧客を獲得するのに苦労していました。そこで、創業者たちはユーザーの声を分析することにしました。すると、予約が増えない原因は物件の写真が魅力的でないことだと気づきました。そこで、彼らは自分たちでカメラを持って物件を回り、使用者目線で内部の写真を一軒一軒撮影するという地道な作業を始めました。こうして努力をコツコツと積み重ねたことで、予約数の増加へとつなげたのです。

地味な作業は面倒です。一回で人の目にとまるような成果が出るわけではありません。SNSに一回投稿したり、動画を一本アップロードしたり、最初の商品を仕入れたりするだけですぐに結果が出ることを夢見てしまいますが、実際のところ、**成果が出るのはもう少し先です**。

信用は一夜にして生まれるものではありません。細かい作業を一つひとつ積み上げていき、少しずつリピーターを獲得しながら、ようやくビジネスは形になっていきます。

起業を始めるということは、偉大な一歩を踏み出したということ。それだけでもう、素晴らしい。自分の歩みに誇りを持ち、活動を続けていきましょう！

STARTING a BUSINESS

045

起業で結果を出すには「基本」というものがある

簡単ではありませんが、起業において「最高の幸せ」と呼べる状態があります。それは、自分の「好きなこと」と「得意なこと」を掛け合わせたビジネスを実現させることです。私自身、今やっている仕事が大好きです。本を書いたり、講演をしたりすることは得意とは言えませんが、人並みにできるようになりました。

起業で結果を出すためには、基本というものがあります。次ページの「あらい式起業ツリー」の図をご覧ください。起業を目指したら、まずは「得意なこと」から始め、そして「人助け」や「頼まれたこと」をきっかけに、だんだん「好きなこと」に近づけていく。つまり、基本としては、**まずは「得意なこと」をベースに始め、活動を続けるうちに「好きなこと」との融合を図るのです**。そんな実例をこれからご紹介します。

コーチングをビジネスにしているMさんの事例です。Mさんの本業は塾講師。そして、心理学が大好きでした。心理学とコーチングを組み合わせたサービスを提供しようと考え

あらい式起業ツリー

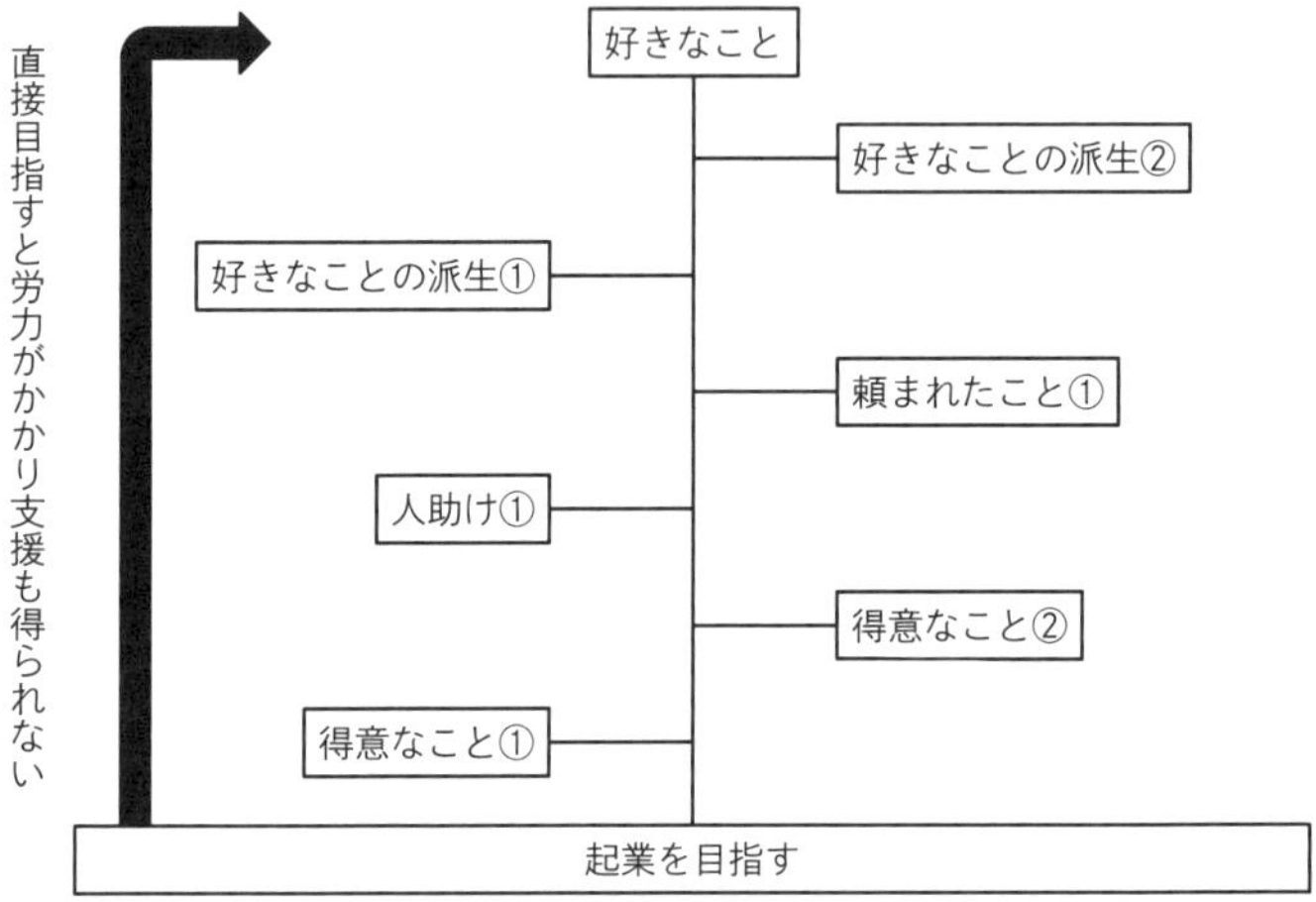

ていましたが、初めはクライアントが一人も取れずに苦しんでいました。そこで、Mさんが取った対策は、「得意なこと」へのフォーカスでした。Mさんは、昔から勉強が得意でした（得意なこと①）。受験や資格の勉強を始めると、集中してどんどん記憶し、複数の資格勉強を同時に進めることができたのです。

一見すると、学ぶことがどうやって収益につながるのか、むしろお金が減ってしまうのではないかと考えられますが、Mさんは異なるアプローチを取りました。彼は、場所を借りて心理学の先生や占いの講師、ヨガのインストラクターなどを招き、講座やレッスンを提供するレンタルスペースを運営し、そこで自分も一緒に学ぶことにしたのです。

さらに、もし各講師が集客できなかった場合でも、講座やレッスンの風景を動画で撮影できるように、その機材を貸し出すことで収益化を図りました。Mさんは、各講師から学んだ知識から「天の声」役として先生に質問し、先生が回答している様子を収録するなど、貴重なコンテンツとして再利用できるようにしました。

Mさんは塾講師であり、教室運営に関しては十分に経験と知識を持っていました（得意なこと②）。彼のレンタルスペースには集客に困っている先生や、場所を借りたい講師たちが集まり、定期的に利用する先生たちも増えていきました。結果として、売上は順調に伸びていったのです。

彼のレンタルスペースは商店街の中にありました。お付き合いで商店街振興会にも参加していたMさんは、商店街のお祭りに参加することになりました（人助け①）。すると、振興会の人から「祭りに出店してほしい」と頼まれてしまったのです（頼まれたこと①）。しかし飲食店を経営しているわけではないので、祭りに出店するものがなく困ってしまうMさん。彼はこの困難を乗り越えるために、デビューしたての占いの先生に声をかけ、占いブースを出店することにしたのです。そして占いの先生から出店料を受け取り、祭りの場でも収益を上げることができました。商店街の人脈と得意な分野を活用し、問題を解決して新たなビジネスチャンスを生み出すことができたのです。

運営を続けているうちに、利用している先生たちや彼らの紹介で知り合った受講生たちから「Mさんのコーチングを受けてみたい」という依頼が増えてきました。これにより少しずつ収入が増えてきたMさんは、平日フルタイムで働いていた塾のシフトを減らし、最終的には塾講師を辞め、レンタルスペース運営一本で収入を得ることになりました。

そんな折、利用者の一人である心理学の先生から新たなオファーがありました。心理学の先生がMさんに、「教育系ゲームコンテンツの開発にコラボレーションしないか」と相談してきたのです（好きなことの派生①）。それだけでなく、そのコンテンツに心理学とコーチングの要素を取り入れるために、ゲームの監修とスタッフの教育も依頼されたのです（好きなことの派生②）。こうしてMさんは、着実に収入を増やしながら、「得意なこと」と「好きなこと」の見事な融合に成功しました。たくさんの声がかかり、まるで「運が良かった」だけのようにも見えますが、実際には働き始め、準備を整え、その活動の中で人との関わりを大切にしてきたからこそ、チャンスが次々と舞い込んできたのです。Mさんの成功は、まさに行動と準備が生んだ成果と言えるでしょう。

STARTING a BUSINESS

046

計画はうまくいかない前提で立てる

あなたは、「ほとんど計画通りにいかない」と分かっている計画をどのくらい緻密に立てることができますか？ あるいは、やってみなければ分からないことに対して、どこまで具体的に計画することができますか？

例えば、日本縦断の旅に出るとして、「静岡県の市川食堂で生姜焼き定食を食べる」とか、「奈良県奈良市朱雀三丁目のセブン－イレブンでトイレを借りる」とか、そこまで具体的に決めることはまずないでしょう。静岡県でご飯を食べる、奈良県で休憩するなど、もっとゆったりしているはずです。なぜなら、不確定要素が多すぎるからです。

起業もそのようなものです。**計画を作るなら「ゆったり」でいい。**もちろん、資金調達が必要なら、それに合わせた書類を整える必要があります。ただ**小さな起業なら、うまくいかないことや、ついつい怠けてしまう自分を前提にして、ゆるくて、のんびりとした計画にするほうがいい**のです。むしろ、そうしてください。もし、やる気があって早く進めたくなったら、それはそれでいいことじゃないですか。

例えば、「3年後までに独立する」とイメージしたところで、行動が伴わなければ何の意味もありません。人は、期限がなければなかなか動けないものですが、たとえ期限を決めたとしても、それを守れなかったときのペナルティがなければ、実際には動けないものです。本気でやりたい人は自分でペナルティを決めればいいのですが、小さな起業の場合には、会社と違って「言うだけ番長」でも誰かに迷惑がかかるわけではありません。そういう状況では、なかなか本気になりきれないものです。そもそも、ペナルティを決めようなんて発想自体、ちょっとネガティブで嫌ですよね。

ですから、肩ひじを張らずに、ゆるくいきましょう。

本気になったとき、失った時間を悔やんだとき、「このままではいけない！」と思ったとき、そういう何かのきっかけがあったときに人は自然と動き出すものです。私が「さぁ、やりましょう！」と言ったところで、「ここでやらなきゃ後悔しますよ」と言ってみたところで、あなた自身が変わりたいと思わなければ、何も変わりません。

STARTING a BUSINESS

047

「起業計画書」はリスクを管理するためにある

ここまで本書をお読みいただいても、まだ不安が払拭できず、行動に移すことができない人もいるでしょう。そんな人は、「起業計画書」を作成してみることをおすすめします。名付けて「あらい式起業計画書」です。起業を始める前の人が、第一歩を踏み出せるように考えました。次のページにありますように、超初心者向けに作られています。まずは「お金のキャパシティ」「時間のキャパシティ」「健康のキャパシティ」を計画書の上部「リスク管理」に記入していきます。

リスク管理① お金のキャパシティ

「お金のキャパシティ」に関しては、今現在、「起業準備活動にどれくらい投資できるのか」を考えてみましょう。無尽蔵に使うことはできませんし、逆に全く使わなさすぎても

あらい式起業計画書

リスク管理

お金のキャパシティ

時間のキャパシティ

健康のキャパシティ

例

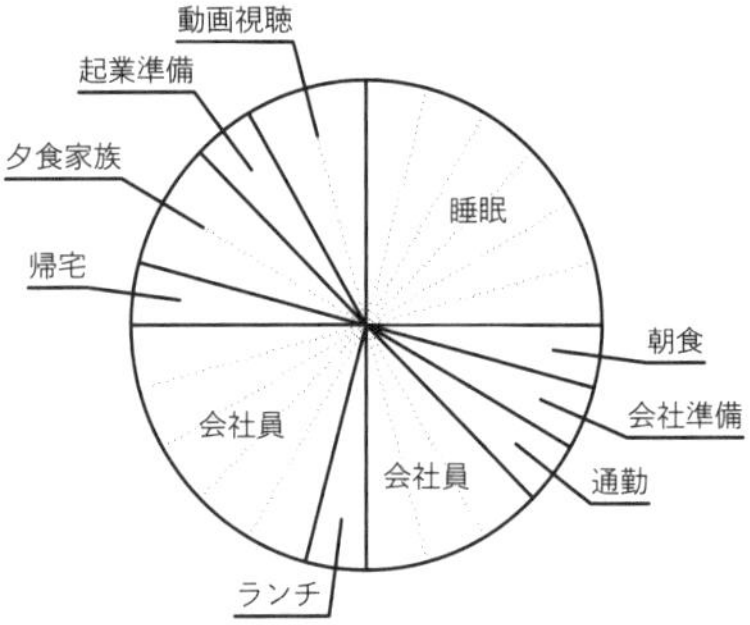

起業活動の目標

①起業で達成したい自分の夢や理想

③商品やサービスの内容・自分の強み・ターゲット

②得意なことで考えられる起業ネタ

何も進まないので、自分にとって適正な金額を設定することが大切です。

実際に起業活動を始めると、自分の今の状況や、やろうとしているビジネスの準備に毎月どのくらいの費用がかかるのかが見えてきます。まだ起業活動を始めていない人は、ざっくりとした目安で構いませんので、金額を決めておきましょう。どうしても見当がつかない、イメージが湧かないという人は、月2万円と設定しておいてください。

起業準備は0円では不可能です。環境を整えたり、書籍を購入したり、電車に乗って打ち合わせに行くだけでもお金がかかります。あらかじめ予算を立てて、その範囲内でやりくりをしながら少しずつ予算を増やしていければ、不安を払拭できるだけでなく、お金の知識も自然と身についてきます。

会社で働いていると、毎月決まった日に給料が振り込まれ、面倒な手続きは会社の担当者がやってくれます。そうした環境下で、ことさら日本の会社員がお金の知識に乏しいのは当然のことかもしれません。しかし、起業準備を通じて自分でお金を管理し、予算を立てることを学べば、不安を減らしながらお金に対する理解を深めていくことができるようになります。

リスク管理② 時間のキャパシティ

「時間のキャパシティ」については、一日にどれだけ起業準備に時間を割けるのか考えてみましょう。もちろん、日によって異なるでしょうから、平均的な一日をイメージしてください。円グラフで示したように時間配分を記入すると、自分の時間の使い方が可視化できて、より分かりやすくなります。こうして改めて確認してみると、意外とYouTubeを見すぎてしまったり、カフェでぼーっと過ごしてしまったりして、無駄にしている時間があることに気づきます。

起業するのであれば、このような「目的なく過ごしていた時間」を、準備時間に転換していくことが求められます。自分一人しかいないのですから、実際に動き始めると、時間はいくらあっても足りません。**やることは無限にある**と言っても過言ではありません。まずは現在の時間の使い方を把握することから始めましょう。

リスク管理③　健康のキャパシティ

「健康」に〝投資〟という言葉はなじまないかもしれませんが、肉体的および精神的な健康を保つために重要な要素です。起業においては、リサーチやインプット、アウトプット、調整、意思決定など、**会社員としての仕事では使わなかった脳や筋肉を使うことが増えます。**

また、仕事に対する前のめりな姿勢から、つい長時間作業を続けてしまうこともあるため、積み重なる疲労は想像以上になることがあります。そのため、これまで以上に健康、睡眠、食事に気を使わなければいけません。具体的な記載例としては、「睡眠時間を最低6時間確保する」「朝30分ウォーキングをする」「お酒は22時までにする」などがあります。

では「リスク管理」の項目が埋まったら、次に起業活動の目標を書いていきましょう。

起業活動の目標①　夢・理想

まずは、①の「起業で達成したい自分の夢や理想」を考えてみましょう。この欄には、何でも自由に書いてください。億万長者になる、早期リタイアしたい、自分が開発したアプリで人々を救いたい、ノーベル賞を受賞する――など、どんな夢でも構いません。現実的に達成が難しいと思えることであっても、**とにかく自分が心から思っていることを洗い出してみてください**。

文字や絵にして全て洗い出すことで、「こんな願望があったのか」と、自分でも気がついていなかった夢や理想が明確になります。起業を通じて得たいものが、お金だけでなく安全や安心なのか、自由なのか、それとも社会貢献なのか、あるいは誰かからの承認なのかと、徹底的に自分と向き合うことで真の目標が見えてきます。

起業活動の目標② 得意なこと

次に記入するのは、②の「得意なことで考えられる起業ネタ」です。ないものを無理に引っ張り出すのは困難ですから、多くの事例を参考にするといいでしょう。まずは、今の自分でも簡単にできることから始め、その後に修正をかけていくようにしましょう。

例えば、個人の名前やキャラクターをもとにした「自分ブランド」の日用品メーカーになる夢を持っていたHさん。夢はあるけれど、その時点ではまだそれを叶える資金も手段も持ち合わせていませんでした。流行りのオンデマンド販売（デザインだけを入稿して、受注生産で商品を売ることができるサービス）も試してみましたが、それでは物足りず、モヤモヤした時間が長く続いていました。そんな折、Hさんから「停滞している時間がつらい」と相談を受けました。そこで私は、「自分ブランド」を目指す夢は手間のかからないオンデマンド販売を継続して、「まずは、今ある自分の強みをビジネスにしてみるのはどうか」と提案しました。

Hさんは多趣味でたくさんの友人がいるため、人に人を紹介する機会がひんぱんにありました。「職場や取引先で悩んでいる人」に対してはコーチやカウンセラーを紹介したり、時には「おすすめの飲食店」や「信頼できる弁護士」を紹介したりするなど、自然と「マッチング」を行っていたのです。「ビジネスにする」というと、難しく聞こえるかもしれません。ですが実際には、**「今、無料でやっていることを有料にすればいいだけ」**のことです。紹介を受ける側からすれば、ベネフィットを得るために謝礼を支払うのは当然のことと考えるでしょう。あとは、「友だちにお金の話をするのは気が引ける」というメンタルブロックさえ克服すれば、今日からでも始めることができます。

Hさんは、マッチングアプリを作るほどの資金や手間をかけられなかったため、簡易的なホームページを作成しました。これは無料のWEBサービスを利用して作った、ごくシンプルなものでした。当然ながら、掲載情報量が少なく、素人が作ったページから新規のお客さまが訪れることはありません。しかし、「こういうことを始めたんだ」と知り合いに見せることができるようになったのです。すると、「へー、じゃあ、何かあったら頼むわ」と言ってくれる人が現れたり、「私のスクールも載せておいてよ」と言ってくれるヨガ講師さんが現れたり、次第にネットワークが広がっていきました。

Hさんは行動を止めず、地元や隣町の経営者勉強会やボランティア活動に積極的に顔を出し、自分の活動を知らせて歩きました。その結果、ある社長さんから「忙しいときだけ事務を手伝ってくれる人はいないかなぁ」と相談されたり、「夜遅い時間に対応してくれる英会話の先生はいない？」といったマッチング依頼を受けたり、仕事につながる依頼が次第に増えてきました。やがて、地元の町工場の社長と知り合う機会を得たHさんは、自分ブランドの日用品を格安で製作してもらえることになったのです。

しかし、商品は作れるようになったものの、価格が安いわけでもなく、無名ブランドの日用品がネットショップで売れるわけもありませんでした。そこでHさんは、知り合いを通じて地元の雑貨屋のオーナーを紹介してもらい、お店の隅に小さな棚を借り、委託販売で商品を置かせてもらうことにしました。そして、Instagramをはじめとする日頃の活動で出会う人たちに積極的にお店を紹介し続けた結果、少しずつ実績が積み重なっていくようになったのです。

このように、**まずは「自分にとって簡単なこと」「今、すでにやっていること」をビジネスにしてみると、思わぬ道が開けてくることがあります**。最初は小さな実績の数々が、やがて相乗効果を生み出し、いずれ自分が本当にやりたかったことにつながっていくのです。

起業活動の目標③　自分の強みなど

真ん中の段にある③では、「商品やサービスの内容」「自分の強み（ほかとの差別化ポイント）」「競合他社などのマーケット情報」について書き出していきます。これは今の段階では、細かく記述する必要はありません。**「感じたままを何となく書く」だけで十分です。**

実際に手や足、頭を動かして活動してみると、意外と自分に合っていないことや、「こんなことできない」と思っていたのに楽しいと感じることが出てくるものです。こうした発見により、書き直す点がどんどん見えてくるはずです。特に③については、いったん完成といえる状態になるまでに、数十回以上も書き直すことになるでしょう。初めてやることは、実際にやってみなければ分からないことばかりだからです。

このように起業計画書を書いて、少しずつ書き直していくと、「自分は何をしているのだろう」「何をしたらいいのだろう」といった漠然とした不安が徐々に軽減されていきます。

STARTING a BUSINESS

048

時にはお金で時間を買う

起業計画書を書いたことで、改めて気づかれた人も多いかもしれませんが、子育てや介護、または熱中している趣味があるなど、**今まさに「仕事＋1」の状態にある人にとっては、起業準備に使える時間は非常に限られています**。それでもなお、活動をスタートし、続けている人は大勢います。では、そういった人たちは、一体どのように時間を捻出しているのでしょうか？

策は大きく分けて二つあります。一つは、前述した**「起業計画書」に基づいて時間配分を見直す方法**です。つまり、無駄な時間を探し出すことです。本気で起業に取り組む人の中には、残業のない会社に転職したり、通勤時間を短縮するために引っ越したりする人もいます。それ以外にも、スマホを見る時間や飲み会の回数を減らしたり、ついダラダラしてしまう時間を短縮したりと、人それぞれ工夫できる点があるはずです。自分の生活を見直し、少しでも時間を捻出できる方法を考えてみましょう。

ただし、一見無駄と思われる時間でも、それが「本当の無駄」であるとは限りません。頭や心を休めるために無になる時間や、静かに落ち着く時間も大切です。重要なのは、こうした時間が毎日のようにある場合や、無駄が多すぎると感じる場合の見直しです。

もし、「自分にとって、これ以上カットできる無駄な時間はない」と感じたら、次にやるべきことはもう一つの「**お金で時間を買う**」という方法です。多くの起業家は「**時間はお金よりも大切な資源**」だと常々感じています。「お金で時間を買う」と聞くと、従業員や外注スタッフを確保することのように思われるかもしれませんが、もっと手軽な方法もあります。移動にタクシーやLUUPなどを利用して移動時間を短縮することや、思い切って会社の近くに引っ越すのもその一つです。お金はかかりますが、その代わりに一日30分確保できるなら、それは大きな前進になるはずです。

クリエイティブの作業時間を短縮するためにChatGPTを活用している人もいます。例えば、英語で書かれた起業事例やマーケティング情報を日本語に訳し、簡潔にまとめる仕事を請け負っている執筆業のFさんは、本業では外資系マーケティング会社の正社員として働いていますが、AIの力を借りることで作業効率を大幅に上げ、限られた時間で成果を出しています。少しでも空いた時間を有効に活用するために、移動中や休憩時間に気になる資料や記事をまとめ、英語で書かれた情報の翻訳や要約は全てChatGPTを使って効率化しています。言わば秘書代わりにしているのです。

ほかにも、活動の一部を家族やフリーランスに依頼し、積極的に時間を確保している起業家はたくさんいます。

Kさんは、会社員として働きながら、海外のネットショップから輸入したアイテムをメルカリで販売しています。毎月の売上は50万円ほどですが、本業が忙しく、特に出品作業（撮影・文章作成・商品登録など）が追いつかないのが悩みでした。競合も多く、非常に薄利なため、簡単に外注化することができず、高値で売れる可能性のある商品もタイミングを逃してしまうことが多かったそうです。

そこで、Kさんは二人の高校生のお子さんに相談し、お小遣いを少しだけ増やす代わりに、出品作業を手伝ってもらうことにしました。外注費と違い、お小遣いは経費にはできませんが、Kさんは家族と一緒に仕事ができ、売上も伸ばせたことに大満足だそうです。

「お金で時間を得る」という発想は起業家にとって重要な視点です。

STARTING a BUSINESS

049

起業に必要なお金を書き出す

開業資金の目安は、「何をするのか」によって大きく異なります。会社を設立する場合や、人を雇う場合には、その分だけ必要な資金も増えます。「起業にはいくら必要ですか？」と質問されることが多いのですが、残念ながら一概に答えは出せません。だから私はいつも、**「最初はなるべくお金をかけないほうがいいですよ」**とお伝えしています。とはいえ、どれくらいお金がかかるのか分からないままにしておくと、不安になってしまうものです。ですから、まずは自分が考えている起業アイデアに対して、どのような費用がかかるのかを具体的にイメージしてみましょう。

不安に慣れることを「馴化《じゅんか》」と言います。例えば、お化け屋敷。何度か行ってみて、驚かされるポイントが分かってくると、だんだん恐怖が薄れてきますよね。起業もそれと同じで、**どこにお金がかかるのかを知っておくことで、落ち着いて対処できるようになる**のです。人が恐れを感じるのは、「想定外」「自分には分からない」ことです。起業のお金に対する不安は、順化を上手に利用することで払拭できます。

併せて、今の生活費もきちんと把握しておけば、今後どれくらいのお金が全体として必要になるのかが見えてきます。これが分かれば、起業の計画も立てやすくなります。まずは、個人で小さく始めることを前提に考えてみましょう。

最も簡単な「生活費」から始めてみます。今の生活を維持するために月々どれくらいのお金を使っているのか具体的に書き出してみてください。家賃、水道光熱費、通信費、食費、そして健康保険料や年金保険料などの各種保険料が主なところでしょう。お子さんがいらっしゃるなら、教育費も忘れずに。いったん全てをリストアップしてみましょう。もちろん、毎月変動があるかもしれません。細かい把握が難しいと感じるなら、家計簿をつけてみることをおすすめします。お金の流れがはっきりと見えるようになり、不安も少しずつ和らいでいくはずです。

在庫を持たないビジネスであればこの点を考える必要はありませんが、仕入れのあるビジネスの場合には、次に最初の仕入れ費用を考えます。しかし、最初のうちは、「どのくらい仕入れたらいいのか」なんて見当もつかないかもしれません。でも、大抵の仕入れには「最低仕入れ数（ＭＯＱ：Minimum Order Quantity）」という縛りがあるものです。その数を基準に、できるだけ少なく仕入れられるように交渉しつつ、決定してください。

また、事務所や店舗を借りる場合には、その物件取得費用や家賃がかかります。敷金や礼金、保証金、不動産会社への仲介手数料なども忘れずに考慮してください。もし内装や外装の工事をするのであれば、概算で構いませんのでその費用を多めに見積もっておくと安心です。そのほかにも、通信機器、生産や作業に必要な設備や工具、備品や書籍、さらには所属する組織の会費など、お金がかかりそうなものは全て書き出しておきましょう。

最後に考えるのは、営業や広告にかかる費用です。前にも触れましたが、小さな起業においては営業する力がとても重要です。「誰かに紹介してもらう」ことができれば、信用という点で大きなアドバンテージになります。

ちなみに、名刺やチラシ、ホームページなどは、ただ単に自分の肩書きを載せるためだけのものではありません。これらは全て、**自分のビジネスの存在や活動をしっかり伝えるための「証拠」としての役割**を果たします。そうしたツールがあるからこそ、自信を持って自分のことを説明できるのです。また、自分のためだけではありません。誰かがあなたのことを紹介したいと考えたとき、名刺を見せながら「こういう人がこういうサービスをやってるんだけど、どう？」と伝えることもできます。名刺やホームページは、言わばより楽に紹介してもらうための「支え」でもあります。だからこそ、これらツールの準備をきちんとしなければいけません。そして、そのためにかかる費用を見積もっておくことが必要です。「そんなの誰も見てないだろうし、今さらアナログな名刺やチラシなんて意味あるの？」と思うかもしれませんが、「証拠」「支え」「信頼」を担保してくれることを覚えておきましょう。

また、「ホームページって本当に必要なの？ Instagramでいいんじゃない？」という意見もあるかもしれません。確かに、エステやリラクゼーション、スタジオやカフェのように「リアルな場所」を持ち、魅力的な画像を準備できるのであればそうかもしれません。しかし、その場合でもGoogleマップや主要な媒体に情報を掲載することは欠かせませんし、Instagram広告から自社のホームページやアプリへ誘導できれば、さらに効果は高まります。

そして何より、ビジネスによっては、Instagramを使っていない層にもアプローチする必要があることを忘れないでください。みんながみんな、SNSに通じているわけではないのです。

名刺などを作成するときの注意点

名刺やチラシ、ホームページを作成する際に、一つ意識してほしいことがあります。それは、これらの媒体は**一度作ったら終わりではなく、常にアップデートしていくもの**だということです。名刺やチラシは少なくとも年に一回は見直しをして、ホームページは最低でも月に一回、記載内容を現状に合わせて書き直します。**変化の激しいビジネスの世界では、情報が古くなればそれだけでチャンスを逃すことになります。**

特にホームページについては、事業の方向性や商品スペックがまだ固まっていないうちは、記載する内容が大きく変わることがあります。最初から多額の費用をかけて完璧なものを作るのではなく、まずは無料のWEBサービスを使って仮のものを作成し、事業の軸が固まってから投資するほうが効率的です。とはいえ、いつまでも無料のサービスに頼るわけにはいきません。他社の広告が表示されているWEBサイトは、いかにも素人です。腹が決まった時点で、きちんとしたサイトを作成するようにしてください。

業者に見積もりを依頼すると、20万から100万円といった幅広い回答が返ってきます。

判断基準は人それぞれですが、私としてはきれいでスタイリッシュなページよりも、内容が充実しているホームページが好みです。トップページの動画や背景が凝りすぎていてテキストが読みづらいページ、見た目は洗練されているものの中身が薄っぺらなページ、いろいろあります。あなたの好みはどうでしょうか？　ココナラなどで業者を探して、「こんな感じがいい」とＵＲＬを指定して概算見積もりをもらってみるといいでしょう。

以上の費用を書き出したら、いったん立ち止まって、不必要なものや後回しにできるもの、より安く済むものがないかチェックして、リストを整理してください。ただし、**営業や集客に必要な費用をケチるべきではありません**。例えば、カウンセリングルームを借りる際に、家賃が安い地方で駅から遠い場所を選んでも、クライアントが来なければ本末転倒です。それよりも、人が多く集まるターミナル近くの物件やブランド力のある土地を探し、その中でなるべく安い物件を選ぶほうがビジネスには好影響があるはずです。

なるべくお金をかけないという話と矛盾して聞こえるかもしれませんが、ビジネスですから、売れなければ仕方ありません。最低限必要な投資も存在するということを考慮して、計画を立ててください。

050

名刺と請求書はチェックリストになる

名刺と請求書。これらは起業に必要な要素を網羅するチェックリスト代わりになります。なので、起業を考えたのであれば、「まずは名刺を作ろう」と心に決めてみてください。すると、名刺に載せたいけど、まだ自分の中で固まっていないあれやこれが浮かび上がってくるはずです。例えば、次のような項目です。

□ 屋号（法人であれば会社名）
□ ロゴマーク（または自分のキャッチコピー）
□ 名前（もしくは、ビジネスネーム）
□ 肩書き（何屋さんなのかが一発で伝わるもの）
□ 住所（仕事をする場所）
□ 電話番号（携帯電話でＯＫ）

□ メールアドレス
□ ホームページURL
□ SNSアカウントID
□ 事業内容
□ プロフィール
□ 英文表記（自分の名前など）
□ QRコード（ホームページやLINE公式アカウントなど）

起業準備のチェックリストみたいでしょう？　これで、現時点で何が準備できているのか、何がまだ用意できていないのか、一度確認してみてください。**「足りないものがあるかもしれない」と不安になった人も、一度ここに立ち返ってみてください。**

さて、次は請求書です。名刺に記載する必要がある項目以外で、次のような記載項目があります。

□ 宛名（会社名・担当者名）
□ 角印（会社印）
□ 商品（内容・商品名・価格）
□ 銀行口座
□ 適格請求書発行事業者であれば、インボイス登録番号

「え、まだ印鑑使うの…？」という感じがしないでもありませんが、義務ではないとはいえ、いまだに押してあるケースが多いのが現実です。また、２０２３年10月１日から始まった適格請求書保存方式、いわゆるインボイス制度には注意が必要です。登録事業者になるためには申請を行う必要がありますから、忘れずにチェックしておきましょう（国税庁「適格請求書等保存方式（インボイス制度／申請手続）」参照）。

このように、名刺と請求書を作ろうとするだけで、起業準備のチェックリストが自ずと出来上がります。

STARTING a BUSINESS

051

小さな起業に「事業計画書」は必要？

金融機関から融資を受けるときに、必ず提出しなければいけないのが「事業計画書」です。またの名を創業計画書といいます。これがないと話になりません。

事業計画書は、業種によって書き方が若干異なります。事業内容や資金計画だけではなく、経営者のプロフィール、ビジョン、自社の特徴や強み、競合の状況や成長性、市場規模などの環境分析、さらにはマーケティング計画やリスク対策など、たくさんのことを記載します。それら全部を詰め込んで、金融機関に見せるのです。そうして金融機関の人たちは経営者の人間性や事業の採算性、持続可能性、整合性などを総合的に審査して、「この人ならお金を貸しても大丈夫だ」と判断できたら、融資をしてくれるというわけです。

ただし、**借り入れをしないとか、誰からも出資を受けないとか、補助金や助成金を申請しない場合には、こういう「形式を重んじる書類」は不要です。**「いやいや、どんな場合でも事業計画書は必須ですよ！」という専門家の方もいるでしょうが、私の考えは少し異なります。こういった書類を前にして手が止まるくらいなら、まずは動き始めることを優先してほしい。そして何より、**こんな書類が必要になるような大規模な事業をいきなり選ばないでほしい**のです。

実際のところ、この段階で作った書類や数字は、ほとんどの場合、想定通りにはいかないものです。作ったとしても、現状に合わせて定期的にアップデートしなければいけません。大事なのは、まだ何も始めていないときに書く「夢のような計画書」ではありません。実際に動き出してからの「現実的な資金繰り表」です。

多くの人は「夢のような計画書」を作ったことで満足してしまい、結局、二度と見ないなんてことになりがちです。だからこそ、融資を受けないのであれば、計画書作りに時間をかけすぎないようにしてください。

でも、中には「事業計画書を作ったほうがやる気になれるんだよ！」という人もいるでしょう。そういう人のために簡単な事業計画書の作成方法をお伝えしておきます。ただし、金融機関から融資を受ける場合には、より詳細に書ける専用の書式を使用してください。

項目47でご紹介した「あらい式起業計画書」を覚えていますか？　あの起業計画書に次ページの「あらい式起業計画書②」を足せば事業計画書が完成します。金融機関などの専用書式と比べると、ずいぶんざっくりした印象を受けるかもしれませんが、**これから起業を始める人にとっては、これくらいシンプルでいい**のです。

上半分に書かれているのは、起業に必要なお金を、どこからどうやって調達するかの設計図です。これまで本書を読み進めてきた方なら、ご自身がイメージするビジネスにどれくらいのお金がかかるのか、おおよその予測がついているのではないでしょうか？

まずは、好きなように左の欄の「必要な資金」を書いてみましょう。次に、その必要資金を調達するために、どうやってお金を集めるのか、右の欄の「調達先」に書き込んでみてください。このとき、右上には自己資金、右下には他人からの借入金を書きます。トータルの資金（資産）がどれだけ大きくても、借入金の部分が大きければ、その事業の体力は弱いということです。例えば「俺は5億円持ってるぜ！」といっても、そのほとんどが借金であれば健全な財務状況とは言えません。

ちなみに、個人事業には「資本金」という考え方は存在しません。「元入金《もといれきん》」と呼ばれるものがそれに当たります。法人とは考え方がいろいろと異なるのですが、今は細かいこ

あらい式起業計画書②

起業に必要なお金をどこからどう調達するか？
設計図（貸借対照表）

必要な資金		調達金額と調達先	
ネットショップ構築	100万円	自己資金	100万円
		親からの借り入れ	30万円
仕入れ	50万円	金融機関からの借り入れ	70万円
広告宣伝費	50万円		
合計	200万円	**合計**	200万円

※起業に必要な金額と調達金額は同じにする。

今後、どのようにして事業で収益を上げるのか？
経営予想図（損益計算書）※月平均

		創業当初	**創業1年目**
売上高①		15万円	135万円
売上原価②（仕入原価）		5万円	45万円
経費・販管費③	**人件費**	0円	10万円
	広告宣伝費	10万円	40万円
	その他	1万円	1万円
（①-②-③）		▲1万円	39万円

※2年目以降、支払利息や借入金の返済が発生する

とは気にしなくて大丈夫です。

さて、次は下半分です。こちらは「今後、どのように収益を上げていくのか？」という経営の予想図です。つまり損益計算書ですね。これもシンプルな構造で、上から売上高、売上原価、そして経費の三つで構成されています。この売上高から売上原価と経費を差し引くと、最終的に利益が残るという仕組みになっています。毎月の利益が自己資金に加わり、借金を返済するために使われることになります。利益がどれだけ出るかが重要ですね。

売上の計算は少し難しいです。でも、ざっくりで大丈夫です。例えば「1時間に何人のお客さまに商品やサービスを提供できるのか？」から計算してもいいですし、起業準備中の実績から類推してみてもいいです。ここで気をつけたいのは、どうしても「皮算用」になりがちなこと。なので、控えめに、謙虚に計算してみましょう。

あらい式起業計画書②の作り方

それでは、計算について解説します（参考：日本政策金融公庫「各種書式ダウンロード（月別収支計画書記入例）」）。

（1）売上原価の算出

まず、同業他社の平均的な原価率や粗利益率を調べてみましょう。原価率とは、売上原価を売上高で割った値です。粗利益率とは、売上高から原価を引いた値を売上高で割った値です。この二つの割合を合計すると、必ず１００％になります。

原価率＝売上原価÷売上高
粗利益率＝（売上高－原価）÷売上高
原価率＋粗利益率＝１００％

（2）経費・販管費の算出

次に、経費や販管費を計算していきます。

①固定費の計算

固定費には、人件費、家賃、支払利息などが含まれます。これらの経費項目を洗い出し、月々の固定費を計算します。

②借入金と利息の計算

融資額、返済期間、利率を予測し、毎月の返済額と利息額を算出します。これにより、借入金の負担を具体的に把握できます。

③その他経費の計算

その他の経費についても計算が必要です。業種によって異なる項目が含まれますが、一般的には次のような経費が考えられます。

水道光熱費／通信費／交通費／消耗品費／交際費／広告宣伝費／保険料／外注費／運賃／荷造費など

これらを洗い出し、事業に必要な経費として記載します。

（3）必要売上高の算出

事業を続けるために必要な最低限の売上高を予測し、利益が出る売上高を計算します。例えば、固定費が60万円、粗利益率が60％の場合、必要な売上高は次のように算出されます。

必要売上高＝（60万円）÷60％　→　100万円

さて、これらの計算、難しいし面倒でしょう？

そう思った人こそ、こういった面倒な計算を必要としない、まずは手持ちの「小さなお金」で始められることを選んで、先に実務に慣れてください。

心配しなくても大丈夫です。**こんなことが分からなくても、家計簿に毛が生えたくらいのことから始めることもできます**。それがうまくいったら、専門家に相談したり、委託したりしながらやればいいのですから。

STARTING a BUSINESS

052

アイデアは形に変えなければ売れない

起業アイデアはあるけど、どう形にすればいいのか分からない。どう商品にすればいいのか分からない。このような悩みを抱えている人はたくさんいます。先に答えを言ってしまうと、**「商品化とは、人が買える状態にすること」**です。例えば、本書は私の頭の中にある考えを「買える状態」にしたものです。買える状態までいかなくとも、**少なくとも「人に渡せる状態」にしなければ評価をもらうことすらもできません。**

「人に渡せる状態」に仕上げるためのポイントを次にまとめました。①〜⑤をチェックして、なるべく早く商品を人に渡せる形に仕上げてしまいましょう。最初は売れなくても大丈夫。まずは「仕上げる」ことです。

チェックしてみると、起業アイデアが「世界を平和にしたい」のように漠然としていると商品化できないことが分かります。自分や身近な人の困り事に焦点を当て、「世界を平和にしたい」ではなく「夫婦仲を改善したい」まで具体化してみてください。

①あなたが持っているお金や時間、その他のリソースから考えて商品化できるのか？（例：何百万円もかかる商品ではないか？）

あらい式起業計画書（項目47参照）にも記載していますが、会社員のまま始める起業準備では、さまざまなリソース（資源）が限られています。お金、時間、健康。それらの限られたリソースは、最大限まで使ってはいけません。その理由は、**何かあったときに対応できなくなってしまうから**です。起業計画書をもう一度見直して、「少し余裕のある状態」でできる商品づくり、サービスづくりを目指しましょう。

②需要はあるか？　市場のリサーチはできているか？

当たり前のことですが、需要のない商品は売れません。「まだ知られていない需要がある」と言う人もいますが、それは大企業や多額の出資を受けたテックベンチャーだからとれる戦略です。「まだ知られていない需要」を狙うのは、お金や時間にもう少し余裕ができてから。まずは確実に需要があるところを狙いましょう。

では、需要はどうやって探すのか？

答えは、「**同じ商品やサービスがあるかどうか**」です。具体的には、「モノ」を売る場合は「メルカリ」や「Yahoo!オークション」などのプラットフォームで過去に売れた商品をチェックし、どのような価格帯でどのくらいの頻度で売れているのかを確認する。「サービス」を提供する場合は、ココナラやランサーズなどのサイトで同じジャンルのサービスを検索し、人気のあるサービスや評価の高い出品者を参考にするのがいいでしょう。

これにより、需要があるかどうかを把握するだけでなく、「市場のトレンド」や「競合の強み・弱み」も見極めることができます。

③商品の四つの形のどれに合うか?

起業のアイデアから生まれる商品の形には、大きく分けて次の四パターンがあります。

まず一つは、**「モノを渡す」**商品です。これは、商品を作って販売したり、安く仕入れて転売したりするものです。レンタルで物を貸し出すことや、アフィリエイトなどもこのカテゴリーに含まれます。商品そのものの価値や独自性が重視されますが、販売方法にも工夫が必要です。市場調査や在庫管理など、ビジネスの高度な戦略が求められます。

次に二つめは、**「やってあげる」**商品です。例えば、掃除をしてあげる、買い物に付き添ってあげる、文章を書いてあげる、動画を編集してあげるなどが挙げられます。つまり、「何かが苦手な人」や、「それに充てられる時間がない人」「一人ではどうしてもできないことがある人」などのために自分自身が動くサービスです。ここでは高いスキルや顧客との信頼関係、迅速な対応が求められます。

そして三つめは、「**教えてあげる**」商品です。例えば、Canvaの使い方を教えたり、面接対策をサポートしたり、オンラインセミナーを開催したりすることがこれに当たります。知識やスキルを共有することで、お客さまの成長を支援することが目的です。情報の充実や、分かりやすい説明が求められます。

最後に四つめは、「**場や機会を提供する**」商品です。これは、レンタルスペースを貸し出したり、BARを経営したりなど物理的な場所を提供することだけでなく、コミュニティを運営したり、イベントを開催したりすることも含まれます。ここでは、場の雰囲気づくりや人を集める企画力が重要となります。

あなたの頭の中にあるアイデアを、この四つの形のどれか、あるいはそれらを掛け合わせたものに落とし込んでみましょう。アイデアを整理して、形にすること。そこでようやく、その可能性を具体的に見出すことができるようになります。

④差別化できているか?

商品は、差別化を図ることで初めて選ばれるようになります。特に小さく起業する場合、価格以外の部分で競合より優位なポジションに立つことが大切です。全く同じモノを売っていたとしても、納期が早い、対応が素早い、梱包が丁寧である、あるいは商品がきれいに磨かれているなど、価格以外の理由で選ばれる工夫が求められます。

差別化は、ハイスペックであることよりも、どれだけ理想のお客さまに寄り添っているかが重要です。お客さまのニーズを深く理解し、それに応えることで、自然と差別化が実現します。

⑤ざっくりしすぎた内容になっていないか

起業のアイデアを考えるとき、最初は大まかな方向性を決めることが大切ですが、そのままざっくりした内容で進めてしまうと、アイデアの価値が伝わりにくくなります。具体性が足りないと、実現するための道筋が見えにくくなるのです。

例えば、「商品を販売する」といった漠然とした言葉ではなく、「どのような商品を」「どのような方法で」「どのようなお客さまに提供するのか」を明確に定義することが求められます。さらに、商品の特徴や利点、価格設定や販路の選定、競合との差別化ポイントまで細かく表現することで、アイデアは具体的で実現可能なものへと変わっていきます。

もちろん、最初から全てを完璧に決める必要はありませんが、少しずつ具体的にしていくことで、アイデアはより現実的になり、ほかの人にも伝わりやすくなります。

目指すべきは、**「誰に」「何を」「どうやって」をしっかりと描けるアイデア**です。具体的な言葉にすることで、次のステップへの道が自然と開けてきます。

STARTING a BUSINESS

053

アイデア探しのヒント

前項の「人に渡せる状態にする」以前に、「そもそもアイデアが全く思い浮かばない」という人もいるかもしれません。そんな人のために、ここでは「アイデア探しのヒント」をご紹介します。

実は、**起業アイデアは突然ひらめくものではなく、その基礎となる「情報（経験）」と「切り口（知識）」という二つの材料によって生み出されます**。この二つに共通しているのは、「インプット」が出発点だということです。アイデアが全く思い浮かばないという人は、まずインプットから始めましょう。

これまでもお話ししてきましたが、「自分には何のスキルもない」「特にやりたいこともない」という人は、まずは自分の時間と労働力を売るビジネスに取り組んでみるといいと思います。特別なスキルや経験が必要ない仕事なら、週末などの空いた時間にすぐに始められます。「そんな面倒なことは嫌だな…」と感じる人も安心してください。そんな人もいるかと思い、やるべきことリストをご用意しました。

次のことを紙に書き出してみてください。どんなに小さなことでも構いません。書き出すことで、自分の中に眠っているアイデアの種が見えてくるかもしれませんよ。

①手持ちの資産

資産と聞くと、つい金融資産のようなものを思い浮かべてしまうかもしれませんが、ここでいう資産とは、それに限らず、**ビジネスに活用できる「ネタ」のようなもの**を指します。例えば、土地や空き部屋、車、時間、人脈など、それらを貸し出したり、それに関連するサービスを提供したりすることで、十分にビジネスになるのです。

例えば、製粉の商社で働いていたKさんは、前職で築いた製粉会社とのコネクションを生かして、パン屋さんやうどん屋さんに食材を卸す事業を始めました。また、商社時代に培った専門知識を使って、パン屋を開業する人々にアドバイスを提供する「ベーカリー専門の開業支援コンサルティング」も展開しています。

特別な専門知識がなくても、例えば工場派遣の仕事での苦労話や、詐欺にあった経験、事故に遭遇した体験、あるいは一風変わった仕事をしたことがあるなど、そうした**「経験」も立派な資産になります**。今まで培ってきた自分の経験を、ぜひ一度棚卸してみてください。それが新たなビジネスのアイデアにつながるかもしれません。

②趣味や嗜好

あなたが好きで集めているものや作っているもの、ひんぱんに出かける場所があるならば、**それに共感する人や同じような興味を持っている人がこの世界のどこかに必ず存在するものです**。その人たちを相手に、何かしらビジネスを始められるかもしれません。趣味や嗜好は、ビジネスの種として大いに活用できます。

例えば、あなたがヴィンテージのカメラを集めるのが好きなら、そのカメラを修理したり、輸出したりすることができるかもしれません。同じ趣味を持つ人たちに向けて、カメラの歴史や撮影テクニックを紹介するイベントを開催するのも面白いでしょう。あるいは、好きな旅行先のガイドブックを作ったり、現地の体験を共有するブログを立ち上げたりして、そこから派生するビジネスを考えることもできます。

③ポータブルスキル（習得したスキル）

特にこれといったスキルがないと思っている人でも、実は今までの職歴や仕事の担当業務を振り返ってみると、「自分らしさ」を見つけることができます。例えば、満員電車でも快適に過ごすことができる技術や、人の名前を忘れないための独自の方法、さらにはすぐに泣けるメンタルの作り方など、どんな小さなことでも構いません。それらの経験や技術が、あなたの個性としてビジネスに生かされる可能性があるのです。

自分では当たり前だと思っていることでも、ほかの人にとっては「うらやましい」と思うような価値あるスキルだった、なんてこともあります。まずは自分の経験やスキルをじっくり見つめ直し、それをどうビジネスに生かせそうか考えてみてください。

STARTING a BUSINESS

054

個人は競合分析よりも顧客分析

起業を考えたとき、「セールスやマーケティングの知識がない」「やったことがないから心配」という人もいるでしょう。しかし、これに関してはそんなに気にしなくても大丈夫です。なにせ小さく始めるのですから、目の前の一人のお客さまに買ってもらい、満足してもらえばいいのです。単にその積み重ねです。同時に千人、一万人を相手にしようとする必要はありません。

そもそも、「セールス」とは商品を売る技術のことを指します。一方「マーケティング」とは、分かりやすく伝えるならば「セールスを必要としない仕組みを作る技術」です。見方や立場によってさまざまな解釈がされますが、**直接セールスを行わなくても、商品が自動的に売れていく仕組みや仕掛けを作ることがマーケティング**と考えると簡単です。

マーケティングの話になると、必ずといっていいほど「SWOT分析」や「マーケティング4P（5P）」などの用語に出くわします。伝統的なマーケティング手法であり、どこで習っても、誰から習ってもこれらを書き出すように言われます。

しかし、「小さく起業する」場合には、正直こんな小難しいことをするよりもっとシンプルに考えればいいと思います。さっさと業務を始める、そして現場で感じる。本来、これだけでいいのです。最低限必要なポイント二つを次にまとめました。

①似た競合を探す

似た競合を探す。つまり競合調査です。自分と同じような商品やサービスを提供している競合を見つける際には、次の二つのポイントを押さえましょう。

- 自分と同じターゲット層を相手にしている人
- 自分と同じレベルで成功している人

競合調査でありがちなのが、自分よりもはるかに豊富なリソースを持つ企業と比較してしまうことです。これはあまり意味がありません。人員も、資金も、レベルも違うのですから比べられません。相撲に例えてみましょう。自分が新入幕の立場であれば、前頭筆《まえがしら》頭のような強い力士とスキルを比べるのは現実的ではありません。「相手は社員が3人いる法人で、資金力がありそう。なお、自分にはない」などと書き出したところで何の参考にもなりません。せめて、十両や幕下といったレベルの競合を参考にしてください。

自分と同じような競合が見つかったら、次の点を言語化してみてください。

- まねできそうなこと
- 先にやられたら悔しいこと
- 自分との違い（サービス内容・対象顧客・サービス提供場所や時間帯など）

競合分析についてはそのくらいで十分です。最初から細かくやりすぎると、かえって自信を失ったり、「コンビニでもコーヒーを販売しているから、カフェの競合はコンビニだ！」といったような、間接的な競合まで考え始めてしまい、どこまで調べればいいのか分からなくなります。その結果、時間を使いすぎてしまうなんてこともよくあります。ほどほどで大丈夫です。

②言語化した強みをアピールする

先ほど言語化したほうがいいとお伝えした「ほかとの違い」について、さらにポイントを解説します。それは**「ほかとの違い」の中で、なおかつ「理想のお客さまが自分を選ぶ理由」になっているであろう点を再確認すること**です。そして、そのアピールポイントをプロフィールや商品の説明に組み込むことです。

自分の商品やサービスに自信が持てない場合や、競合分析で自分の弱点ばかりが目につくときは、ターゲットを絞り込むといいでしょう。例えば「全国」から「東京」、さらに「池袋」といった具合です。とはいえ、注意点が一つ。絞り込みすぎてしまって、ターゲットがいなくなっては意味がありません。勝手に都合のいいお客さまを創造しないようにしましょう。もし迷いが生じた場合は、再度①に戻ってみてください。

STARTING a BUSINESS

055

近い競合とは協力せよ

競合を見つけたとき、その人が自分よりも圧倒的に強い相手なら、戦わずにさっさと逃げましょう。勝負の土俵に乗らないことです。一方、自分と近い立ち位置の競合を見つけた場合は、戦うか、逃げるか、あるいは組むか、この三つの選択肢から判断することになります。やるべきは、組める相手かどうか模索してみること。**一緒に仕事ができる人なら、ビジネスチャンスです。**

例えば、あなたが占いをしているとしましょう。きっとお客さまは占いだけでなく、スピリチュアルな分野にも興味を持っているはずです。どちらも「目に見えないもの」「超自然的なもの」といった共通点があります。同じように、パワーストーンに興味がある人は、自分の内面を深く見つめる傾向にあるため、アロマやヨガなどにも興味のある可能性が高い。であれば、これらの事業をしている人と協力できれば、お互いにとってビジネスを広げるチャンスになるかもしれません。**お客さまの顔は「多彩」なのです。**

あなたのお客さまの顔は「多彩」である

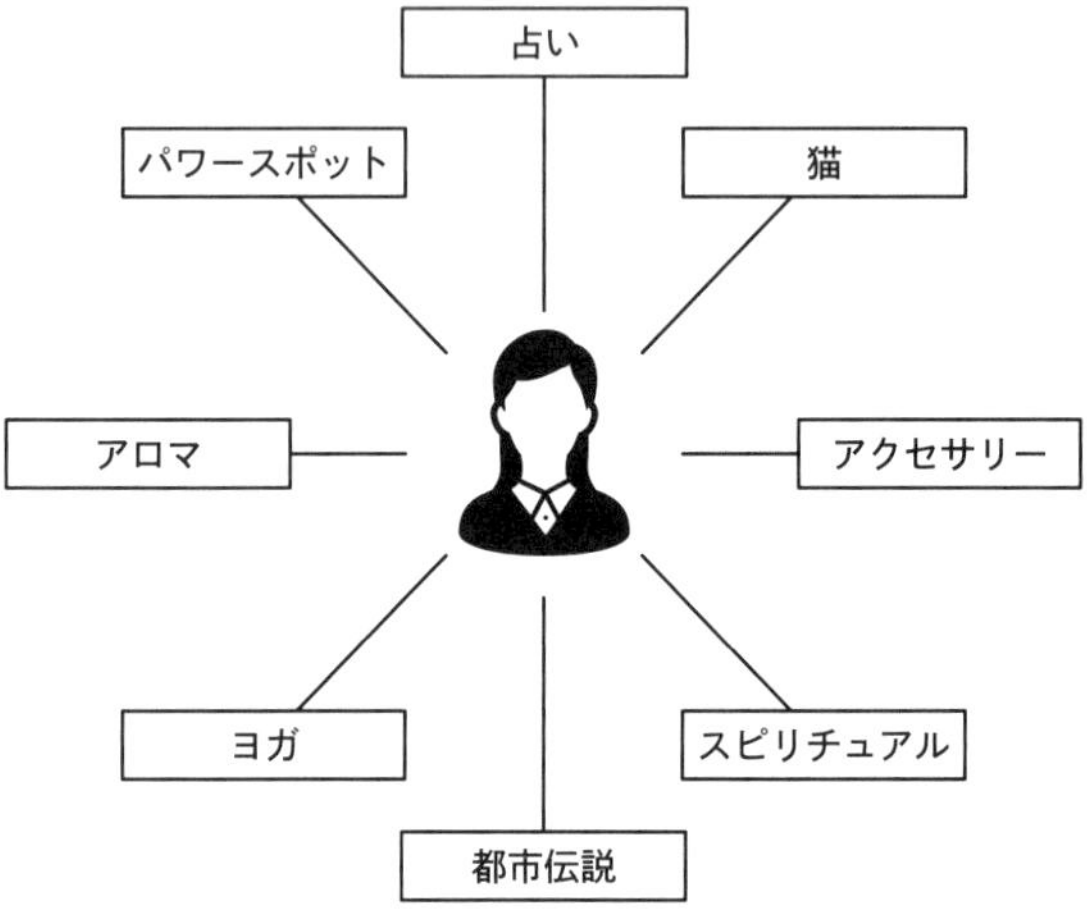

競合と見なすべきか、協力者と見なすべきかは業種によっても異なります。

例えば、あなたがSNSコンサルタントと名乗っていれば、Instagramコンサルタントとはきっと組めない。しかし、もしX（旧Twitter）コンサルタントと名乗っているのであれば組める可能性が出てきます。お互いのサービスを補完し合うことができるからです。SNSと幅広く構えると、その中の一つであるInstagramは自分の領域と被ってしまうので、組めなくなってしまいます。

STARTING a BUSINESS

056

アドバイスをもらう相手は間違えてはいけない

起業に向けた活動を始めると、いわゆる「嫌なこと」を言ってくる評論家や、余計な「アドバイス」という形でモチベーションを下げてくる人たちが現れます。「そんなの成功するわけがない」「危ないからやめたほうがいいよ」「だまされているんじゃないの？」。こんなことを言われると、誰だって不安になります。ただの一般論やネットの誹謗中傷であれば無視すればいいのですが、**多くの場合、そのようなアドバイスをしてくるのは身近な人たちであり、普段から信頼している人たちです**。そのため、どうしても話を真剣に受け止めてしまいます。そうなると、起業への強い気持ちを持っていたとしても、何度も言われるうちにダメージが蓄積してきます。

「成功」「危ない」「だまされる」。これらの実体が見えにくい言葉こそ、明確に数値化したり、基準を設けたりするなど、自分の中での定義が必要です。後はその基準に基づいて、機械的に判断すればいいだけです。

「そんなの成功するわけがない」と言われても、「5年以内に月100万円の売上を達成できれば成功」と考える人もいれば、「毎日30分確保できたら今は成功」とする人もいます。自分で基準を決めて、その基準に従って自分で判断する。これが起業家の姿勢です。

一方、**そもそも設定した基準が間違っていることもあります**。「起業開始3ヵ月で売上1000万円達成」という現実的に達成不可能な目標や、「1円も使いたくない」というゼロリスク思考で判断基準を決めたことで成果が出なかったとしたら、それは単に目標設定のミスです。基準や目標は、自分の状況や目的に合わせて設定する必要があります。

余計なアドバイスを参考にしていると、何か問題が起こった際に「そのアドバイスをした人の責任」と曲解してしまうことがあります。これは、間違った考え方です。

知り合いのある女性もそうでした。彼女はピアノレッスンで独立を目指していたのですが、パートナーから「少子化になるのだから将来性がない」「AIやアプリで代替されるようになる」「だまされていないで、もっと家事をしろ」などと言われていたそうです。その結果、彼女の心は折れてしまい、パートナーと不仲に。そして、起業準備活動をやめることになりました。後悔の念は大きかったものの、一度やめてしまったこともあって、再び始める気力はもうないとのことです。余計なアドバイスに左右されず、自分の判断を軸として持っていれば、また違った結果になっていたかもしれません。

できることはたくさんあったはずです。例えば、アドバイスを前向きに捉えて、大人向けのレッスンに変更するとか、「出口」を明確に決めて、その範囲内で活動を続けられるよう交渉するといったことも考えられました。もっと言えば、モラハラの相手から離れることはできなかったのか。今さらどのようなことを言っても仕方ありませんが、これから起業を検討している人には後悔のない選択をしてほしい。そう思います。

アドバイスをもらう相手は、くれぐれも間違えてはいけません。**実際に起業している人からのアドバイスには、「成長と気づき」が伴っています**。ダメなものはダメ。「いける！」と思ったら全力で背中を押す。その上で、どうすればできるのか、撤退する場合には代わりに何ができるのか。そういった具体的な話が聞けるはずです。

行動していない人のアドバイスはありがたく受け止めつつ、その一方で最終的に「どうするか」は、自分で判断してください。

057

起業には「あそび」が必要

起業には「あそび」が必要です。

この「あそび」というのは、いろいろな意味を持っています。

まず、起業アイデアにおける「あそび」についてお話ししましょう。

ここでの「あそび」とは、「ワクワクする気持ちをかき立てられること」であり、**「チャレンジした結果、自分が成長できそうだと感じる部分」**です。

「成長」といっても、堅苦しいものではありません。例えば、「モテたい」とか、「痩せたい」とか、「今よりも毎日が楽しそう」だとか、そんなことで十分です。たとえビジネスそのものに「あそび」がなくても、女性と話すのが好きだから女性向けのサービスを始める、先生と呼ばれるのが気持ちいいから講師になる、そんなことでも構わないのです。

もう一つの「あそび」は、**活動しながらの「あそび」**です。

会社での仕事とは違って、自分でビジネスをする場合には、働く環境を自由に構築することができます。音楽を聴きながら、Netflixを観ながら、家族や恋人とＬＩＮＥ電話をつなぎながら、またはお酒を飲みながらなど、**インスピレーションが湧き、仕事が効率化できるのであれば、仕事のスタイルは自由そのものです。**

私自身も、講演のコンテンツを作るときや、執筆などのクリエイティブな作業をする際には、音楽やYouTubeを聞き流したり、お菓子を食べたりしながら作業しています。眠くなったらすぐに仮眠を取ります。数時間寝てしまい、夜中から仕事を再開することもありますが、その結果、効率的になり、却って早く終わることもあるのです。

遊んでいるように仕事をしている人ほど、ストレスが少なく、リラックスした状態でいるため、よいアイデアがどんどん湧いてきます。環境を自由にカスタマイズすることで、自分のベストなパフォーマンスを引き出すことができるのです。

自由に環境をつくり、遊ぶがごとく仕事をしましょう。

058

起業は趣味ではなくビジネスである

前項のように、起業には「あそび」が必要ですが、収益を度外視して遊ぶのであれば、それはただの趣味です。

本来、好きなことというのは、お金を払ってでもやりたいものです。故に、好きなことで起業してしまうと、それに携われるだけで満足してしまい、「そんなに儲からなくてもいい」とか「収支がトントンならそれでいい」などと考えてしまうことがあります。

好きなことに没頭してしまう傾向がある人は、必ず利益目標を立てて、「**これは趣味ではなく、ビジネスである**」ということを強く意識するようにしましょう。

意外と厄介なのは、絶対にやりたい、大好きなジャンルがあって、そこに固執してしまうことです。もちろん、好きなことで起業するのは素晴らしいことです。しかし、そこに需要が全くないのにこだわり続けてしまったり、好きすぎるが故に採算を度外視するようになると、ビジネスとは言えないものになってしまいます。

そうは言っても、「好きなこと以外で起業アイデアが決められない」という人は多いです。また、これまで、「ただ指示された仕事をしてきただけなので、好きなことも得意なこともない」と悩んでしまう人の姿もたくさん見てきました。

本当に何もないのであれば、時間を売ればいい。会社勤めと同じように、労働力を提供しましょう。例えば、掃除をしたり、行列や葬儀の出席を代行したり、皿洗いをしたりと、どんな仕事でも構いません。しかし、**「そういうのは嫌かもしれない」という気持ちが少しでもあるならば、何かしらやりたいジャンルが心の中にあるのか、あるいは絶対にやりたくないジャンルがあるのかもしれません。**

やりたいジャンルに需要があるのであれば、それを追求するのも一つです。ただし、起業の第一歩としては、まず実際に行動してみることが最も重要です。ですので、**絶対にやりたくないことは避けつつ、まずは簡単に始められることを選んでみてください。**それが成功への第一歩になります。

STARTING a BUSINESS

059

他人と比較するくらいなら「我が道」を行こう

起業とは、その才能を事業という形に変え、収入を得る行為です。自分のやりたいことと需要をマッチさせ、才能を開花させ、個性を生かして、自分を求めてくれる人と付き合う。それだけで十分なはず。本来、他人と自分を比較する必要はありません。しかし、**競争の中に身を置くと、どうしても他人の成功や進捗を気にしてしまうものです**。特に情報感度が高い人ほど、同業者のコンテンツやＳＮＳでの発信、あるいは広告などに触れる機会が多く、その影響を受けやすい傾向があります。同業者のYouTubeなどを見て派手に成功している姿を目の当たりにすると、「どうして自分はこの人みたいに成功していないんだ…」と、知らず知らずのうちに比べて落ち込んでしまうことがあります。ですが、**そのような感情を持ったところで、不安や焦りが増大するだけでプラスにはなりません**。

他人と比較してしまい落ち込む気持ちは理解できます。こうした感情が生まれるのはいくつかの要因があります。起業に関する情報の中には「起業家＝成功者」という考え方があります。このような言葉に触れ続けていると、「他人と比較する↓落ち込む」「成功できない↓ダメ」という負の連鎖を繰り返してしまいます。

他人と自分を比較してしまいそうなときには、あえて**「他人の情報に触れない」**というのも一つの手です。「我が道を行く」という考え方です。デジタルデトックス、SNSを遮断するだけでも、ずいぶん楽になります。

SNSは、私たちの集中力を著しく削ぐことが多くの研究で示されています。例えば、ドイツのルール大学の心理学者ブライロフスカイア博士の研究グループは、1日のSNS使用時間を30分減らすだけで、その人のメンタルヘルスが改善されるとともに、クリエイティブな能力や仕事のパフォーマンスが向上したという成果を発表しています。

一方で、情報を遮断してしまうことは、ある意味リスクでもあります。自分の考えをアップデートする機会を自ら手放すことと同義であり、できれば避けたいことです。ベストな選択肢としては、**「同業者の情報を得ながら、落ち込まずに行動に結びつけること」**。これができれば、同業者の情報はとたんに有益なものとなります。そのため、受け止め方を変えてみましょう。**「自分と同業者の違いを見つけただけ」**、これが事実です。自分がダメなわけでも、成功できないわけでもありません。

違いを見つけた後は、「では、どうするか」を決めて行動に移します。戦わないように市場をずらすのか、比較されないように顧客への提供価値を変えるのか、時間やタイミングをずらすのか、対象とする顧客をずらすのか。できることはいくらでもあります。

私自身も、人と自分を比較して落ち込んでしまうタイプです。起業して少し変わることができましたが、もともと打たれ弱いこともあり、ガツガツ、ギラギラすることが嫌いです。インドア派で、人に会いに行くことも苦手です。有名なYouTuberやベストセラー作家を見て「すごいなぁ」と感心することもありますし、「ああなったら、もっとたくさんの人に自分のやっていることを知ってもらえるだろうな」と思う瞬間もあります。

しかし、自分が「そこ」に向かって真剣に動かないのは、やはり「本当にそう思っているわけではない」からです。私は「起業18フォーラム」に在籍している多くの会員の皆さまから、起業現場の情報や取り組みの成果についてのお話を日々伺っています。それらを検証しながら、結果が出たものを共有しています。こうした実績のおかげで、出版の依頼やメディアの取材依頼をいただけ、目立とうとせずとも何とか生きていくことができています。時間はかかりますが、自分を信じて、お客さまのために変化し続けていけば、見てくれている人は必ずいるのだと感じています。

STARTING a BUSINESS

060

ポジティブな起業理由は持続可能なエネルギーになる

「私はなぜ起業するのか？」に対する答えは、どのようなものでも大丈夫です。ポジティブな理由、ネガティブな理由、どちらもあって構いません。ですが、もし「仕事の裁量権が与えられない」「給料が安い」「上司が嫌い」などネガティブな理由だけが起業の動機になってしまっている場合は、後からでもいいので、ポジティブな理由も用意するようにしましょう。恨みやリベンジ、「見返したい」という理由は確かに強い動機になります。特に心が折れそうになったときに、自分を奮い立たせてくれますが、それだけではいつか心が壊れてしまう恐れがあります。

いつか見つけてほしいポジティブな理由とは、例えば「夢」や「やりがい」です。**壮大な夢や立派な目標である必要はなく、カッコつける必要もありません。**自分にとってプラスなこと。大事なのはそれだけです。

ちなみに、私もポジティブな理由とネガティブな理由、両方を持っています。正直、最初はネガティブな理由が100％でした。毎日、周囲から意地悪な言葉や冷たい視線を浴びて、大げさに言えば牢獄にいる気分でした。こんな連中をいつか見返してやる、自分のほうが正しいことを証明してやるという気持ちでいっぱいでした。そして、そんな気持ちをついつい外に出してしまっていました。

そんなある日、ご縁のできた先輩起業家から飲みに誘っていただき、その帰り道で「新井さんて、すごくネガティブですね」とズバリ指摘され、それ以降はその人に誘ってもらえなくなりました。さらに、別の先輩起業家からも「そういうネガティブな話は誰も得をしない。やめたほうがいい」と言われてしまいました。その方は最後に、「ネガティブな経験は『学びや起業の機会をくれた』と解釈して、感謝していると言ったほうがかっこいいよ」とアドバイスしてくれました。

正直、最初は感謝するなんて難しかったです。ですが、十分に距離を取り、月日が経つにつれて、そんな気持ちを持てるようになってきました。今では心の底からこう言えます。

「あのときは鍛えてくれてありがとうございました！　おかげさまで行動できました！」

CHAPTER

4

これだけは知っておきたい
起業に必要な知識

STARTING a BUSINESS

061

ドリルを売るな、穴を売れ

私たちが売っているのは、商品、サービスそのものではありません。お客さまが得る〝変化〟です。商品やサービスは、その変化（結果）を得るための手段に過ぎません。そのことを表す有名なフレーズとして、**「ドリルを売るな、穴を売れ」**という言葉があります。

ある金物屋で、お客さまが木材に穴を開けるためのドリルを探していました。Aという店員は、ドリルの性能を高々とアピールしました。「高性能のモーターを使っており、何万回転で、刃先には特別な素材が使われていて…」といったことなどを流暢に説明したのです。一方、Bという店員はドリルの性能にはほとんど触れず、その代わり丁寧に「そのドリルは、お客さまの望む〝穴〟を正確に素早く開けられます」といったことを説明しました。つまり、Bは「ドリルを売ったのではなく、穴を売った」と言えるわけです。どちらの店員がドリルを多く売ったのかは想像つきますよね。そう、Bです。

お客さまは、ドリル自体に価値を感じているわけではありません。そのドリルを使って、「壁に穴を開けたい」とか「柵を取り付けたい」といった**ニーズを満たしたい**のです。もちろん、絵画や高級車のように、ドリルを並べて眺めていたいマニアもいるかもしれませんが、それは例外的な存在でしょう。商品知識が増え、マニアックになってくると、どうしても「ドリルのすごさ」を語ってしまうのです。**一部のドリル好きには響くかもしれませんが、穴を開けたい人には響きません。**

これはサービスについても同じことが言えます。

例えば、カウンセラー、あるいは占い師から「アドラー心理学の心理カウンセリングの手法を勉強しました！」とか「ライダー版のタロットを使って占いをしています！」「グランジュ・ルノルマン・カードを使って鑑定をしているんです！」などと言われても、正直何のことだか分かりません。ピンとこないのです。

このように、つい「自分のこだわり」をアピールしてしまう人も多いのですが、マニアには響いても、悩みを持つお客さまにはあまり響いていません。それよりも、「熟年離婚を本気で考え始めた人が最初に連絡するカウンセラー」として実績をアピールするほうが、お客さまのニーズに寄り添っていると言えるのではないでしょうか？

ちなみに、離婚の話を書きましたので、参考までに……。厚生労働省が発表した２０２４年の離婚に関する統計では、同居期間が20年以上になる熟年離婚の割合が23・５％に上り、統計が取られた１９４７年以降で過去最高になったのだそうです。離婚率は全体で見るとやや減少していますが、熟年離婚の離婚率は依然として高い状態らしく、今後も熟年離婚は増えると思われます。

つまり、カウンセラーや占いの需要は高くなることが見込まれますが、依然としてドリルを売っている人が多いので、本書を読んでくださった方はチャンスです。「ドリルを売るな、穴を売れ」。マニア以外に売る場合には、この視点を忘れないようにしてくださいね。

STARTING a BUSINESS

062

値決めは経営

「値決めは経営である」。こう語ったのは、経営の神様と称される京セラの創業者、稲盛和夫氏です。残念ながら2022年8月にお亡くなりになられましたが、その思想は今なお多くの人に脈々と受け継がれています。

個人で小さく起業する場合、正直なところ「経営」というほど大げさな感覚ではありません。日々、ひたすらお客さまのために尽力し続けるだけですが、値決めして、収益を上げ、事業を成長させる活動を「経営」と呼ぶのだとすれば、私のような者でも確かに「経営」をしていると言えるでしょう。実際、**起業規模が小さい＝値決めは簡単かといえば、そういうわけではありません。**小さく起業する場合でも、値決め（価格設定）は確かに難しく、毎回、悩みに悩んでしまうものです。

商品の価格設定には、大きく分けて二つの考え方があります。

一つは「**薄利多売**」。このアプローチは安価で大量に商品を売り、高速回転させるものです。競合が値下げをすれば、自分も追従します。しかし、このやり方は小さく起業する場合には適していません。利益が取れない商品しか売れなくなれば、事業はすぐに行き詰まってしまいます。加えて、常に時間と人手が不足するため、仕事を効率よく回すのも難しくなります。

もう一つは「**厚利少売**」。こちらは利幅を大きくし、比較的少ない顧客を相手に仕事を回していくものです。当然、こちらのほうが理想に近いのですが、高額商品はそう簡単には売れません。そのため、高度な営業力やマーケティング、高品質なサービス提供が求められます。気を抜くことはできませんし、常に自分を磨き続ける必要があります。

このように、**利幅一つで商品の生産**（供給）**体制やマーケティング、営業方法が大きく変化します**。だからこそ、「値決め＝経営そのもの」だと言えるのでしょう。需要と供給、そして品質管理。それらを考慮して利幅を最大化する。確かに難しいことです。

「値決めこそが経営だ」と言われれば、確かにその通りかもしれないと思うくらい、私も悩んできました。悩む時間と意思決定の煩わしさに疲れてしまったので、今では機械的に決めるためのマイルールを作りました。それが正解かどうかは分かりませんが、その結果として気持ち的にはずいぶん楽になりました。私自身、難しいことがよく分からなかったので、薄利多売の商品と厚利少売の商品を組み合わせてスタートしました。最初は厚利少売の商品も安く設定し、2つ売れたら値上げするという手法を繰り返しながら、客数と供給力のバランスを見て最適な価格を決めました。

実績が積み重なってきた段階で再度値上げし、サービスの品質を維持することを前提に、また、客数と供給力のバランスを見つつ最終的な価格を決定するというプロセスを繰り返してきました。

コストに利益を乗せて決める方法、競合に合わせて価格を設定する方法、値決めにはさまざまなアプローチがあります。しかし、一つ言えることがあります。**仕入れ先や競合他社などによって価格変化に振り回されているのは、自分以外の誰かが自分の商品の価格決定権を持っているのと同じ**です。考えてみたら、おかしな話だと思いませんか?

最後に、安すぎると「品質が怖い」、高すぎると「買えない」。これが買う人の正直な気持ちです。安すぎず、高すぎず。その範囲内で、自分のルールで値決めできればベストです。

063

起業後の悩みを解消するためには？

起業してから直面する課題を読み解けるデータがあります。

次のページにある日本政策金融公庫総合研究所の「2023年度起業と起業意識に関する調査」を見てみると、大きく二つの問題が浮かび上がります。それは、**「売上が安定しない」**と**「代金や報酬が低い」**という点です。これらの問題を解決する方法として考えられるのが、**「リピート商品」と「ついで買い商品」の開発**です。

リピート商品とは、項目40でもご紹介したように、消耗品やサブスクリプションサービスのことを指します。繰り返し購入してもらえる商品の代表格といえば、ソフトコンタクトレンズです。同じものを買い続けてもらえるため、売上が安定します。もしネットショップを運営している場合には、定期購入割引の導入や消耗品のラインナップ、秘書代行などのスキル提供や、スポーツクラブなどの場所提供は月額会費制にすることなどで、安定した収入源を確保できるでしょう。

事業を行ううえで問題だと感じていること(複数回答)

※出所:日本政策金融公庫総合研究所

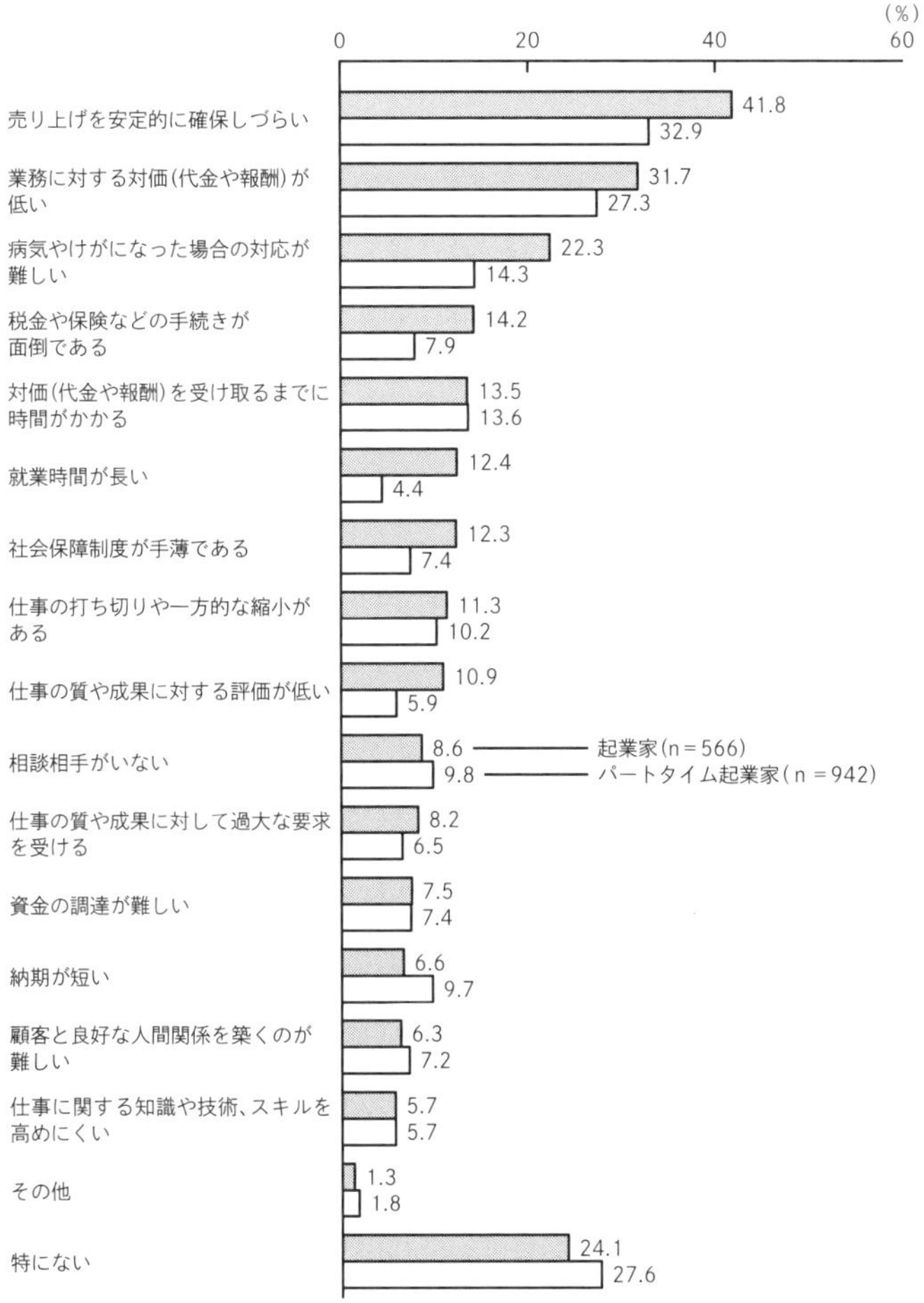

ついで買い商品とは、例えば、コンビニのレジ前に並んでいるお団子のことです。飲み物を買うついでに、ついカゴに入れてしまう。ラーメンを食べに行ったつもりが、つい餃子とビールも頼んでしまう。これもまさにその例です。顧客がついでに購入したくなる、そんな商品があると客単価がアップします。

この戦略は、無形サービスを扱う場合にも使えます。例えば、占いがメイン商品であれば、鑑定書がついで買い商品になり得ます。また、SNS集客講座をメイン商品として提供しているなら、その講座の録音ファイルやPDF資料を用意するのも一つの手です。さらに、LINEサポートや保証サービスといった付加価値を加えることも考えられます。このように、メイン商品と同時に購入してもらえる商品をクロスセル（Cross-selling／クロスセリング）商品と呼びます。

また、お客さまが購入しようとしている商品よりも、少し上位の商品を提案することをアップセル（Up-selling／アップセリング）と呼びます。例えば、延長料金や大盛りなどがその一例です。ファストフード店で、ドリンクのSサイズを注文した際に「あと50円追加でMサイズに変更できますが、いかがですか？」と提案されることがあります。これがまさにアップセルです。こうした提案によって、客単価が上昇し、売上が増えるのです。

「起業18フォーラム」の会員さんたちの実例では、次のようなものがあります。

【クロスセル】

- カウンセリングの申し込みと同時に、オフ会参加チケットを販売
- 動画の購入と同時に、PDF資料と20分の相談チケットを販売
- JPEG画像ファイルの購入と同時に、著作権やベクターデータを販売

【アップセル】

- 電話カウンセリングの時間を10分延長
- ネットリサーチの対象者数を1000人追加

リピート商品やついで買い商品を開発するときは、顧客の利用シーンや購入動機を深く理解し、それに応じた商品設計を行うことがカギとなります。

STARTING a BUSINESS

064

絶対に知っておきたい！ 原価の算出方法

ビジネスを進める上で、商品原価を知っておくことは極めて重要です。利益を乗せて値付けするのも、集客のためにあえて低価格で攻めるのも、原価（コスト）を知っているからこそ判断できるのです。ここでは、商品の原価を知る方法をご紹介します。細かく計算をしているとキリがないので、大まかな金額を把握しましょう。小さい起業ならばそれで十分です。ちなみに、比較的少ないパターンですが、ハンドメイドの作品などを販売する場合には、材料費や製造に必要な労務費が変動するため、計算が複雑になります。

原価の計算方法は、商品の種類によって次の二つに分かれます。

- （製造あり）商品原価＝材料費＋労務費＋その他諸経費＋販売管理費
- （製造なし）商品原価＝仕入費（運賃や保険、手数料込み）＋販売管理費＋労務費＋その他諸経費

【例】衣料品製造販売の原価(商品製造あり)

材料費

●主資材
表生地、素材、幅や長さなど、条件やデザインによって異なる

●副資材
裏地、ファスナー、ボタン、タグなどの付属品
条件やデザインによって異なる

労務費

●縫製代
外注、国内、海外など条件によって異なる

その他経費

●輸送費
量や回数など、条件によって異なる

●関税
商品の種類、条件によって異なる

●保管費
自宅、レンタル倉庫など条件によって異なる

前ページでご紹介した衣料品製造販売の原価には、初回生産に至るまでに、デザイン費用や型起こし（パターン）代、サンプル代のような商品開発に関わる費用、そして商標登録費用などがかかります。細かく計算するのは大変なので、とりあえず大まかな原価を把握し、競合の売価と比較して、戦えそうかどうかを判断してみてください。

競合に合わせて値決めをすることに抵抗がある人もいるでしょう。しかし、ブランド力が確立されていないうちは仕方ありません。**あなたの作った商品がハイブランドと同等の価格では売れるはずもない**からです。素敵なデザインや高い機能性を持つこだわりのワンピースを作ったとしても、価格が高くなりすぎて全く売れないということもあります。過去には、そんな事例も実際にあったのです。

一方で、サービス業やコンテンツを提供する場合は、製造や仕入れのコストがからないため、**原価の計算がよりシンプルになります**。

次ページの図のように、簡単に算出できます。

この例では、通信費や生徒に提供する飲料代などが追加でかかることもありますが、およその目安としては、1回あたり2万6000円から2万7000円で開催可能です。

【例】ウォーキングレッスンを2時間×1回開催する場合の原価

材料費

●なし

労務費

●インストラクター人件費　2時間2万円

その他経費

●スタジオ代金　2時間6,000円（税別）
●自宅からの往復交通費　500円

ただし、こうしたサービス業の原価を算出する際に注意すべき点が二つあります。

まず一つは、レッスン前後にＬＩＮＥ相談や補講などの追加業務が発生する場合、その費用も原価に含めることです。

もう一つは、自分でレッスンを行うからといって、人件費をゼロにしてしまわないことです。

人件費をゼロにしてしまうと、将来的に外部インストラクターに委託する際のコストが見積もれなくなり、困ることになります。

STARTING a BUSINESS

065

販売管理費の内訳に気をつけよう

販売管理費は、決算書において「販売費及び一般管理費」として表記され、一般的には「販管費」と呼ばれます。販売活動や管理業務にかかる費用を指しますが、ざっくりとした項目であるため、細かくチェックしないと意外に膨らんでしまう場合があります。

まずは「**販売費**」について説明します。販売費には、販売活動をするスタッフの給料や、販売に伴う手数料、広告宣伝費、配送費などが該当します。一言で言うと、**商品やサービスを販売するためにかかった費用のこと**です。営業活動で使った交際費や交通費もこのカテゴリーに該当します。一方、「**一般管理費**」には、役員報酬や総務など管理部門の給料、事務所の家賃、水道光熱費など、**販売活動とは直接関係のない経費が含まれます**。

個人事業では、お金を使うのは自分だけというケースが多いでしょう。お金を使っている実感があるうちは問題ないのですが、最近では、WEB会議サービスのZoomやメッセージアプリのSlack、デザインツールのCanvaやAdobe製品、Microsoftのサブスクな

販売費と一般管理費の違い

販売費 ➡	商品やサービスを販売するためにかかった費用
一般管理費 ➡	販売活動とは直接関係のない経費

ど、クラウドサービスの費用が膨らむ一方です。

特にコンテンツ販売を行う事業では仕入れがない分コストが抑えられると考えがちですが、こうしたクラウドサービスの費用が意外にも大きな負担となるため、月次でしっかりと把握し予算に組み込むこと。定期的に見直しを行い、コスト管理の精度を高め、無駄な支出を防ぎましょう。

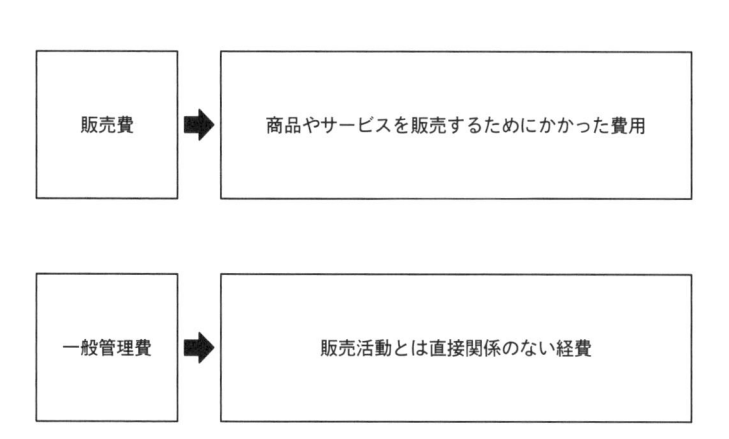

STARTING a BUSINESS

066

どんぶり勘定はこうやって脱却する

細かな計算をせず、大ざっぱにお金を扱うことを「どんぶり勘定」と言います。その語源は、昔の職人が腹掛けの物入れ、「どんぶり」から無造作にお金を出し入れしていたことに由来するそうです。小さな起業をしていると、細かい計算をせずにお金を扱いがちですが、いつの間にか口座残高が減っていたり、逆に増えすぎて「お金が働いていない」状態になっていたりすることがあります。増えている分にはいいのですが、減っているのに原因が分からないと、これはなかなかの恐怖です。気がついたときには支払いができなかったり、税金が払えなかったりと、そんな事態になることもあり得ます。

一人であればお金の流れを把握することは難しくありません。しかし、新規事業を始めたり、お金を使う権限を持つ人が増えたりすると、想定外の支出が増えます。そうしたリスクを避けるためにも、定期的なチェックが必要です。

かの稲盛和夫氏が言っていたように「経営の本質は実にシンプル」です。売上を大きくして、コストを抑える。つまるところ、経営とはこの繰り返しで成り立っています。この実現のためにも**事業に関わる全ての取引や動きを「見える化」しなければなりません。**

例えば、中小企業では、「社長の使う経費はアンタッチャブルだから、見て見ぬふり」とか、「駐在員が謎の交際費や出張費を使っている」といった話をよく耳にします。たとえ一部であっても、このようにお金の流れがブラックボックス化しているのは恐ろしいことです。常態化すると、後々大きな問題を引き起こします。

2010年に2兆3000億円の負債を抱え、事実上倒産した日本航空も似たような問題を抱えていました。そこで再建を担った稲盛和夫氏が行ったのは、**一回のサービスの収支をできるだけシンプルにして、徹底的に見える化すること**でした。彼は一回のフライトにどれだけのコストがかかるのか、またそれによってどれだけの利益が残るのかを計算しました。驚くべきことに、それまで日本航空では一回あたりのフライトの収支計算が行われていなかったのです。詳細なデータが見える化されたことで、現場単位での経費削減がぐっと現実味を帯びました。キャビンアテンダントの荷物を何キロ減らすと燃料費がどれだけ節約できるかも、数字で示されるようになったのです。この考え方は、小さな起業でも応用できます。「どんぶり勘定は見える化で脱却」と覚えてください。

STARTING a BUSINESS

067

事業の血液を止めないために

人の体には血液が流れています。血液が循環しなければ人は生きていけないように、事業にも「血液」が存在します。それが「現金」です。

現金がなくなれば、支払いや仕入れができなくなり、事業を継続できなくなります。残高が足りず、支払いが止まってから慌てても後の祭り。大げさではなく、売上があっても現金がいつ入ってくるのかによって生死が分かれるくらい追いつめられてしまうのです。

逆に言えば、売上がなくても現金があれば事業は継続できます。**事業の生死とは、言ってみれば「現金の流れをいかにコントロールするか」にかかっています。**

生活費口座の残高不足で、カードの引き落としができなかった経験のある人。あるいは、カードを使いすぎて限度額を超えてしまったことのある人。特に注意してください。個人のレベルでは、カード会社に電話をして支払いの期日を調整してもらったり、2〜3日程度の遅延なら大したペナルティーもないかもしれません。

しかし、ビジネスの世界では、そんな甘い考えは通用しません。**支払いの遅延や未払いがあると、信用を一瞬で失い、その後の取引に大きな影響を及ぼします。**それだけでなく、「期日までに支払いをしない人」「約束を反故にする人」という認識が周囲に広がり、一緒に仕事をしたいという人もいなくなります。そうならないためにも、支払い期日までに現金が用意できない、口座残高が足りなくなりそうだと分かった段階で、即座にお金を借りるなどの対策が必要です。

現金の流れを把握するための「資金繰り表」

今後のためにも、次のページのように簡単な「**資金繰り表**」を作っておきましょう。資金繰り表とは、**現金がいつ、どれくらい手元に入ってくるのかを把握するためのもの**です。現金がいつどれくらい入ってくるのか分かっていれば、資金が不足する前に融資を受けたり、取引先に支払いを延ばしてもらうようにお願いしたりと適切に対応できます。

資金繰り表は、特にフォーマットが決まっているわけではありません。月ごとの「現金

資金繰り表

（単位：千円）

		2月		3月		4月	
		予算	実績	予算	実績	予算	実績
前月繰越（金）		1,500		1,400		1,500	
収入	現金売上	1,200		1,300		1,000	
	売掛金の回収	500		300		400	
	前受金の入金	50		0		0	
	その他の入金	50		300		100	
	収入合計	1,800		1,900		1,500	
支出	現金仕入	1,000		1,200		1,400	
	買掛金の支払	300		400		400	
	未払金の支払	50		0		100	
	人件費の支出	150		150		150	
	その他支出	200		50		350	
	支出計	1,700		1,800		2,400	
差引過不足（収入－支出）		100		100		▲900	
財務収支	（＋）借入れ	0		0		500	
	（－）設備投資	200		0		400	
	（－）借入金返済	100		100		0	
次月繰越（金）		1,300		1,400		700	

収入」と「現金支出」の予算と実績を記録できれば十分です。**売上だけでなく、現金の出入りのタイミングを知ることが大切です。**

会社員を辞めていなければ、基本的には資金繰りに困ることはないでしょう。ですが、それゆえ真剣になれなかったり、「まだお金には困っていないから」と、どんぶり勘定になってしまいがちです。次項で解説しますが、そうならないためにも、事業用の口座と生活口座を分けて資金を管理しましょう。

会社を辞めて固定給がなくなった瞬間から、資金繰り表の重要性が増してきます。入金が安定するまでは、資金繰りが生命線になります。今からその練習を始めておきましょう。

STARTING a BUSINESS

068

銀行口座は生活口座と分けて用意する

起業準備を始めたら、普段使っている口座とは別に、事業用の専用口座を作ることをおすすめします。専用口座といっても、特別なものではなく、自分が名義の普通預金口座で構いません。便利なのはネットバンクです。もし余裕があれば、地元の信用金庫や地銀の口座もあればいいですが、最初は特に必要ありません。

なぜ専用口座を作るべきなのか。それはズバリ「**管理が楽になるから**」です。プライベートのお金と事業の入出金が混在していると、何が何だか分からなくなり、利益や残高の把握も難しくなります。将来的に会計ソフトを導入する際も、専用のネットバンク口座があれば、直接接続して自動的に記帳させることができ、何かと便利です。面倒くさいことは徹底的にカットしましょう。

特に管理が楽になることを実感するのが「**確定申告前**」です。フリーランスの人なら心当たりがあるかもしれませんが、この部分をおろそかにしていると毎年2月に膨大な作業に追われ、もうバタバタと大騒ぎ……なんてことがあるでしょう。毎月、少なくとも3ヵ月ごとにデータや領収書をきちんと整理しておけば、そんな苦労もなくなります。口座を分けることは、そのための大事なステップなのです。

専用の口座を作ったら、まずはまとまったお金を入れておきましょう。今後は、その中でやりくりするのです。先に述べましたように、100万円入れることができれば、かなりの幅で事業を展開できます。

最初にまとまった資金を用意できない場合には、3〜5万円ほど入れて、その後は生活口座から自動振替で月に1〜2万円ずつ入金していくのはいかがでしょうか？　その範囲内でやり繰りしていくのです。

売上が入ってくるようになれば、資金繰りは楽になっていきます。ここでようやく、金策に走り回る零細企業経営者の気持ちが分かるようになるはずです。「納品したのに入金が2ヵ月後なの!?　ひえーー」。きっとこんな風に思うことでしょう。

次に、その口座に紐づけた事業用の専用クレジットカードも作成しておきましょう。楽天カードのような無料カードで十分です。また、可能であれば交通系ICカードも用意しておくと便利です。移動履歴が印刷できるので、経費の管理がさらに楽になります。

起業準備や日々の活動にかかる費用は、これらのカードや口座から支払い、報酬や代金を受け取る際も振り込みやカード払いで受け取るようにしましょう。PayPalやStoresなどを利用すれば簡単です。なるべく現金取引は避けてください。**全てデータに残すことで、計算や管理が格段に楽になるからです。**

さらに、余裕があれば税金用の口座も設けておくといいでしょう。会社員の給料と違い、自分の事業では税金が後払いとなります。具体的には、個人事業であれば所得税（予定納税も含む）、消費税（中間申告もあり）、住民税、事業税、国民年金、国民健康保険など、年度内に次から次へと納付期限がやってきます。口座残高をしっかりと確認しておかないと危険です。税金の支払いのために借り入れをするのは避けたいところですから、あらかじめ税金用口座にお金を移しておき、うっかり使いすぎることがないようにしましょう。

STARTING a BUSINESS

069

必要のない固定費をカットする

2016年の『中小企業白書』によれば、企業が創業してから何年後に廃業するかを示す「企業生存率」が掲載されています。このデータを見てみると、創業から1年後には95・3％の企業が生き残っていますが、5年後には81・7％に減少しています。また、2006年のデータには個人事業の廃業率に関するものもあり、そこでは**「起業した10人のうち、3年後に生き残るのは4人だけ」**という結果が示されています。

もちろん、現在は当時と比べて環境が大きく変わっており、最新の統計では状況がかなり改善されているかもしれません。それでも、全員が起業を成功させられるわけではありません。ネット上には「やりたいと思って実際にやる人が100人に1人、続けていける人がさらにその中の1人」などという話もあります。何にせよ、起業はSNSでよく目にする「誰でも簡単に」という言葉ほど単純なものではありません。

話を戻すと、**中小企業の倒産や個人事業の廃業の主な原因は、「集客の失敗」**にあります。加えて個人事業においては、「健康問題」も一因として取り上げられています。

集客不振の原因は実にさまざまです。ライバルの出現や業界環境の変化など、挙げればキリがありませんが、自分で手っ取り早く対策できることが二つあります。**「固定費の見直し」と「売上の平準化」**です。ここでは固定費についてお話しします。

会社を辞めると、安定収入が途絶えます。にもかかわらず、通信費や家賃、人件費（外注費など）の固定費は容赦なく発生します。真っ先にやるべきことは、**「必要のない固定費を徹底的にカットすること」**です。

例えば携帯電話のプランを見直すのも一つの手です。クレジットカードもゴールドにする必要があるのかどうかから見直し、必要ない手数料を削減しましょう。ネットショップを運営するなら、手数料管理も重要なポイントです。毎月のシステム料を支払う固定費制、あるいは売上の10％を支払うなどの変動費制、どちらを選ぶかによって負担感は大きく変わります。戦略や運営状況によりどちらを選ぶかは異なりますが、スタート時には変動費制のほうがリスクを抑えつつ、資金管理をしやすいと言えます。

STARTING a BUSINESS

070

「理想のお客さま」と「現実のお客さま」

理想のお客さまをイメージした商品、サービスを宣伝し始めると、理想のお客さまに近い人だけでなく「近いけど、ちょっと違う人」からの問い合わせも入るようになります。例えば、私が主宰している「起業18フォーラム」は、会社員を対象にカリキュラムを作っているわけですが、「事業を再検討したい」「次の事業を考えたい」というフリーランスの方からも、たくさんの問い合わせをいただきます。これと同じことです。

そうしたときに、理想のお客さまの範囲を広げるべきか、そのままにしておくのか、判断に迷うことがあります。起業18フォーラムの場合は、あくまでも会社員を対象にしていますが、フリーランスの方もウェルカムです。実際、会員の2割前後はフリーランスの方々です。ただし、「会社員の皆さまと同じように基礎からやってくださいね」という条件つきです。判断は、お客さまに委ねています。

さて、理想のお客さまの範囲を広げるべきか、そのままにしておくべきか。

この判断をする際には、次の2つのポイントをチェックしましょう。

① 主に、どんなお客さまが集まってきているか。

② 自分にとって、どんなお客さまが接しやすいか。

もし、集まってくるお客さまが「理想のお客さま」とは違う人ばかりの場合、取るべき選択肢は2つあります。まず1つが「発信内容を修正する」こと。そしてもう一つが「理想のお客さまを現実のお客さまに寄せる」ことです。このどちらかしかありません。

ですが、その判断をする前にやるべきことがあります。「現実のお客さま」に、次の質問をしてみてください。

「なぜ、私を選んでくれたのですか?」

競合他社がたくさんいるにもかかわらず、自分のビジネスを選んでくれた。それにはきっと理由があります。世間話の流れで構いません。なんとか聞き出してください。

その理由が、「安いから」とか「たまたま」「何となく」ではなく、あなたを選ぶ強い理由や動機があったのならば、理想のお客さまを設定し直してもいいかもしれません。**「自分が選ばれた」という理由には、それだけの価値があります**。

ただ、注意点があることもお伝えしておきます。それは、理想のお客さまを変更したことで、本来持っていた強みが生かせなくなってしまったり、仕事がしにくくなってしまったりすることです。これでは本末転倒です。

例えば、「対象を個人から法人に変えたほうが儲かりそうだけれど、昼間は本業があって対応できない」というのであれば、今は個人相手のまま変えないほうがいいでしょう。あるいは、「初心者向けにやろうとしていたのに上級者が集まってきて、お金も払ってもらえていいのだけど、上級者に教える自信がなくて委縮してしまう」という場合も同様です。自信がつくまでの間は、そのまま初心者向けにしておいたほうが自分のためです。

STARTING a BUSINESS

071

自分だけの競争優位性の探し方

「ほかじゃなくて、ここがいい」「あなたに仕事をお願いしたい」

小さなビジネスをするときは、お客さまにそう言ってもらうことが理想です。

しかし、簡単に始められるビジネスほど、競合他社も多く、優位性を確保するのは容易ではありません。そうなると、つい価格を下げてしまう誘惑に駆られることもありますが、小さく起業する人にとって、この戦略は非常に危険です。**価格勝負をすると、結果的に大変な苦労が待っていることが多い**からです。

そうは言っても、ブルーオーシャンを見つけるのは簡単なことではありません。それに、競合他社が存在しない市場を開拓するのは、体力のない個人には困難です。するべきは、**「ちょっとだけズラす」**ことです。ターゲットのお客さまを変える、サービスの提供方法を工夫する、自分自身のキャラクターを際立たせるなど、「ほかとのちょっとした違い」を意識しましょう。飲食店であれば、お通し代を取らない、大盛りにしてくれる、個室から裏の出入り口を利用できるようにするなど、ポータルサイトに載っていないような小さなレベルの違いでいいのです。それが競争優位性になります。

サービス業であれば、次の二つが比較的簡単です。

①提供時間を変えてみる

競合がほぼ同じサービスを展開しているなら、「時間」を変えるだけでも競争優位性になります。早朝や深夜の対応、休日対応、超短納期、時間はかかるけれど安く提供するプランなど、お客さまの時間に対するニーズはさまざまです。例えば、ロッカーを使ったクリーニング屋さんが有名です。タワーマンションなどに専用のロッカーを設置し、スマホアプリと組み合わせたサービスで24時間対応を実現しています。このように、**時間に対するニーズを満たすことで、ほかの競合とは一線を画すことができます。**

また、会社員をしながら起業している場合、昼間はどうしても対応が難しいこともあります。そんなときには、あえて「夜間対応可」「休日対応可」といった特徴を打ち出すことで、強みに転換できます。お客さまのライフスタイルに寄り添い、便利さを提供することで、独自の価値を加えられるのです。

②提供回数を変えてみる

一般的な講座やプログラムは、複数回、数ヵ月にわたって進行することが多いです。しかし、この形を変えて、あえて一回限りの合宿や短期間で完結するコースを提供することで、一気に成果を出したい人や、時間がない人向けのサービスを作り出すことができます。「だらだら時間をかけられないから、短期間で集中して学びたい」「何度も行くのは面倒だから、一度で終わらせたい」というニーズに応えることで、ほかのサービスとは異なる独自の価値を提供できるのです。このように、**お客さまの使い勝手やニーズに合わせて形式を調整するだけでも、競争優位性を生み出すことができます**。セミナーやワークショップも、オンラインでの短時間セッションや録画コンテンツにすることで、参加者の利便性を高めることができます。

お客さまのライフスタイルや期待に応じた柔軟なプランを提供して、差別化されたサービスを実現しましょう。

STARTING a BUSINESS

072

「発信」をする意味

売上を伸ばすためには、発信力の強化が欠かせません。

商品が売れるステップはこうです。まず消費者が情報に触れる。消費者が興味を持つ。そして、「この発信者は信用できる」と思えば、初めて商品が売れていきます。

では、発信力を高めるためには、どこで何を発信すればいいのでしょうか？

まず最も効果的なのは、知り合いや権威のある人に紹介してもらうことです。**もちろん、ネット上で多くの人にアプローチして、華麗に集客したいところですが、現実はそう甘くはありません。**私たち一般人の発信など、誰も見ていませんし、気にも留めてくれません。だからこそ、知り合いや地域の人たち、昔の同僚に対して、恥ずかしがらずに自分が事業を始めたことを伝えなくてはいけません。履き違えてはいけないのは、それをやったとしても、実際に購入してくれる人は多くないということ。そこで折れずに這い上がりましょう。正直、「発信」という言葉からは想像もつかないような泥臭いことの積み重ねです。

厳しい現実を書いてしまいました。耳が痛いかもしれませんが、まずはいったん受け止めてください。営業力がつくまでは、人からの紹介のような「後ろ盾」が必要なのです。これが起業のリアルです。

繰り返しになりますが、リアルでもネットでも、**発信力を高めるためには、名刺やホームページ、SNSなどの「ツール」が必要**です。それを見て関心を持ってくれた人とコミュニケーションを取り、信用してもらい、信頼関係を築いていけば、商品は売れるようになります。

発信する順番

最初に取り組むべきはホームページの作成です。紹介であなたのことを知った人も、たまたま知り合った人も、きっとあなたの商品や実績について、もっと詳しく知りたいと思うはずです。そのとき、**自分の価値をしっかりと伝えられる媒体がホームページです**。しっかりと作り込むことで、頭が整理され、次の行動が見えてきます。

次に考えたいのはSNSです。**自分の人となりや日々の活動を知ってもらうために発信**

をします。Instagram や Facebook、そして YouTube（ショート動画も含めて）を優先的にやるといいでしょう。「え、今さら Facebook !?」と思うかもしれませんが、もし中高年のビジネスパーソンが理想のお客さまであれば、意外とつながりが生まれることもあるのです。検討する価値はあります。

ネットからの発信と、リアルで人に会う活動をバランスよく行いながら、問い合わせ、つまり「チャンス」が訪れるのを待ちましょう。そして、お客さまがついたら、ほかの方につないでいただけるように依頼することも忘れないでください。恥ずかしがっている場合ではありません。ビジネスを広げるためには、積極的な姿勢が必要です。

物販をしている場合は少し勝手が違います。まずはメルカリや Amazon、楽天などの大手プラットフォームで販売することを前提に考えてください。自分自身が有名なインフルエンサーでない限り、自前のネットショップではどうにもならないことが多いです。大手サイトの力を借りて、より多くの人に商品を届けることが成功への近道です。

073

信用力はこうやって高める

前述の通り、ビジネスの世界では、人に信用してもらい、信用関係を築いていくことが不可欠です。いかに素晴らしい商品、サービスであっても、人は信用できない存在に対して、お金や個人情報を差し出すことはありません。

逆に言えば、**信用している人や信用できる情報元からの紹介は、驚くほどの販促効果を発揮します**。例えば、「Googleマップで評価が高いレストランには多くの人が集まりますが、低い評価のお店には人が集まりません。外国人観光客の多くもGoogleマップの評価をもとにお店を選んでいるようで、その集客力は軽視できません。特にホテルや飲食店の経営者にとって、この評価はあまりにも影響力が大きいことから、忙しくても安易に社員を増やせないのだそうです。忙しいからといって人を採用しても、低評価がついてしまったら、とたんにお客さまが来なくなってしまうからです。

人というのは不思議なもので、**信用している人に言われたことは、つい信用してしまい**

ます。厚生労働省の調査によれば、病院を選ぶ際に最も信用される情報源は「知り合いからの紹介」だそうです。「あの人が言うなら間違いない」というやつですね。医療サービスのように失敗したくないサービスを選ぶときなど、ネットだけを参考にするわけではないことも分かります。

ところで、信用を築く際に意識しておくべきことが二つあります。まず一つが「**自己発信**」。自分自身について自分で発信することです。そしてもう一つは「**他己発信**」。これは他人が自分について発信するという意味になります。

自己発信・他己発信の具体例

自己発信では、自分の「プロフィール」を開示します。顔や名前、専門性、経歴といった基本情報です。それに加えて「これまでやってきた仕事の実績やお客さまの声」や、なぜこの仕事をしているのかといった「お客さまや仕事への想い」などを発信します。会社員として働いていると、あまり目立ちたくないという人も多いかもしれませんが、できるだけ多くの情報を公開することが重要です。

ただし、ここで一つ問題があります。**自己発信だけでは、結局自分で自分を褒めているだけになってしまう**ということです。「ずいぶん立派なお仕事をしてきたようですけど、それって本当なの？」と疑われてしまうかもしれません。自己発信だけでは、信用力の大幅アップにはつながらないのです。そこで重要になってくるのが「他己発信」です。

他己発信とは、自分以外の誰かに、自分のことを発信してもらうことです。例えば、お客さまや友人の知り合いに紹介してもらったり、ＳＮＳに感想を書いてもらったり、テレビや新聞、ラジオなどのメディアで紹介してもらったりするのも、他己発信の一つです。

他己発信が積み重なってくると、仕事のステージが上がってきます。出版依頼が来たり、行政や官公庁、大学などから仕事が来たりもします。活動がメディアに掲載されるようになれば、いわゆる〝権威〟からのお墨付きも得られます。そうなれば、信用力は大きく上がります。

他己発信は、最初はハードルが高いものばかりです。でも、友達や師匠、起業仲間、外注先などに紹介を依頼したり、自分の商品やサービスを使ってもらって、その良さを知り合いにおすすめしてもらったりと、まずはできることから始めてください。

STARTING a BUSINESS

074

発信力、信用力、そして商品力

「事業」や「ビジネス」という言葉を見たり聞いたりすると、何やら難しい、大変そうなことに思えてしまいますが、ここまでお話ししてきましたように、個人で小さく始める場合には、ややこしく考える必要はありません。要するに、**売上を上げて経費を下げる**。それだけを考えればいいのです。

売上を上げるには、先ほどもご紹介したように発信力アップ、信用力アップが欠かせません。そこに「商品力アップ」が掛け合わさることで、事業はさらに成長していきます。

では、どのように商品力をアップさせるのでしょうか？

商品力を上げる方法はいろいろありますが、ここでは簡単なものをいくつかご紹介します。まず、最もシンプルなのは、お客さまが得られる未来に対して、できるだけ「○○が、かからなさそう」にすることです。○○に入るのは、「時間」「努力」「お金」の三つです。

つまり、**「より早く、ドリルで穴を開けられそう」「より簡単に、ドリルで穴を開けられそ**

う」「より安く、ドリルで穴を開けられそう」と思ってもらうことができれば、それは商品力アップに直結するということです。

例えば、ヨガレッスンの商品力を高めるには、あなたならどうしますか？

考えられることはいくつもあります。

真っ先に思い浮かぶのは、レッスンの時間を延長したり、開催日を増やしたりして、「より短期間で健康になりそう」「ここなら、仕事で忙しくてもスケジュール調整が簡単そう」と思ってもらうことです。無理に価格を下げる必要は一切ありませんが、例えば「5回分のチケットを購入するとお得になる」といった提案も考えられます。実際に値下げをしなくても、計算結果を示したうえで、「これ一つあれば、ほかのものを買わなくて済みますよ」「結局安上がりになりますよ」といったことを伝えてあげるだけでもいいのです。

そのほかにも簡単に取り入れられる手法はたくさんありますが、あまりにも数が多いため、ここで全てを紹介しきることはできません。次に代表的なものをピックアップしました。

●希少性をアピールする

例：「この冬限定」のチョコレート

「この冬だけの特別な味わい」「クリスマス限定のホワイトチョコレート」といった商品は、つまるところ期間限定であることを強調して、希少性をアピールしています。同じように、「今回限り」「年に一回の在庫一掃セール」など、もう二度とやらないかもしれない、あるいはしばらくチャンスがないかもしれないと思うと、つい心をひかれてしまうものです。

●流行をアピールする

例：「ギャルに大人気」のメイクアイテム

「ギャルに大人気！」といった宣伝をしている化粧品を見聞きしたことはないでしょうか？　これは、巷で流行っているという印象を与えることで、その商品の価値を引き上げているのです。また、「ハリウッドセレブ愛用」「御用達」などと宣伝することで、ひときわ流行に敏感な人の関心を引く構造になっています。海外トレンドを取り入れたアイテムは、特にそのような傾向があります。

● **「今ない」を演出する**

例：ホテルに設置している「自動販売機」

少し足を伸ばせばコンビニで買えるにもかかわらず、すぐ買って、すぐ部屋に戻りたいという人の気持ちを満たすために、ホテル内にも自動販売機が設置してあります。「今、手元にない」「すぐ喉を潤したい」人が買ってくれるので、ホテルの自動販売機は高めの価格設定になっています。

● **「安心」をアピールする**

例：「結果が出なかったら返金！」のパーソナルトレーニングジム

パーソナルトレーニングジムは、決して安い料金設定ではありません。そのため、「30日以内に結果が出なかったら全額返金保証！」などとアピールしているところもあります。これにより、ユーザーとしては満足のいく効果が実感できればよし、結果が出なくても返金保証制度があるので安心できます。同じように、「基準を明文化する」「手続きを簡略化する」といった点が充実していることも安心のアピールにつながります。

STARTING a BUSINESS

075

起業したら税理士への依頼は必要?

個人で小さく起業する場合、最初から税理士と契約する必要はありません。記帳や確定申告も自分ですることはできますし、分からないことがあれば、税務署で尋ねれば丁寧に教えてもらえます。

私自身も、最初の数年間は全ての作業を自分でやっていました。そのおかげで多くのことを学びました。特に勉強になったのは、記帳する際の仕訳、確定申告に必要な書類の作り方、申告作業です。ただ、**時間や心労を考えると、一人で取り組むのは最初の2年くらいで十分**だったかなと思います。

税理士に月々の記帳代行や年に一度の確定申告を依頼すると、個人の場合、年に20〜30万円程度の顧問料がかかります。これは、まだ売上が安定していないときには思い切れない金額かもしれません。しかし、もっと安く、単発で確定申告だけを依頼できるプランもあります。全く手つかずの状態から、仕訳作業、申告書の作成、e-Taxでの申告までを任せることができるため、その対価として得られる時間と安心感を考えると、投資する価値は大いにあります。

また、専門家に依頼することで、細かな税法の変更や仕訳作業の煩雑さから解放され、自分のやりたいことに専念できるという点も見過ごせません。

実際のところ、**最も面倒なのは日々の記帳作業**です。しかし、今はクラウド会計ソフトを利用すれば多くの作業を半自動で処理することができます。あとは、現金取引分を手動で追加し、受け取った請求書のファイル、郵送された書類や領収書の整理、ネットバンキングからの振り込み手続き、請求書の発行を行えば、ほぼ完了です。

記帳の細かな方法については、簿記の実用書を参考にしたり、税理士以外でも記帳代行業者に依頼したりすることができます。数ヵ月もすれば、仕訳のパターンが自然と把握できるようになるため、あとは自分でもできるようになります。少しの投資で時間と手間を大幅に削減できるので、検討してみましょう。

STARTING a BUSINESS

076

税理士を選ぶときの基準

では、税理士にお願いすると決めたとして、どんな基準で選べばいいのでしょうか？

一番のおすすめは、**クラウド会計ソフトに対応できる格安の税理士事務所を選ぶこと**です。領収書を写真撮影して送るなど、通常の契約より多少こちら側の手間が増える場合もありますが、その分、低価格で記帳や申告業務を請け負ってくれます。

ほかにも、例えば、検索するとよく見かける「税理士比較サイト」や「税理士紹介サービス」から依頼することもできます。条件に合う税理士を探してくれて、面談をしてから選ぶことができるので安心です。しかし、一つだけ注意点があります。運営会社からの営業電話が結構しつこい。これがちょっとだけ面倒です。

では、税理士紹介サービスで税理士を探してもらうとき、どういう条件でお願いしたらいいのでしょうか？　私の経験から言うと、次のように相談するといい税理士を探してくれます。

●**「個人の税理士を希望します」**

小さな起業をしている人、副業で活動している人は、同じように一人でやっている税理士事務所のほうが合います。大規模な税理士法人も悪くはないですが、小さなクライアントは金額が小さいためか、大事にしてもらえない感があります。

●**「所在地が近い事務所を希望します」**

事務所が近いと書類の受け渡しや緊急時の対応が楽です。「今の時代、どこにいてもオンラインで話せるんだから関係ないのでは？」と思うかもしれませんが、いざというときすぐに会うことのできる安心感は、何物にも代えがたいものがあります。

●**「コミュニケーションのしやすい人を希望します」**

契約前に、できるだけ担当の税理士と直接会って面談するようにしましょう。面談時だけ「偉い人」が出てくるというパターンが多いのですが、大切なのは日々やりとりをする担当者と話すことです。専門用語ばかり使わない人か、話しやすい人か、自分と相性が合う人かどうか。面談するときは、これらを確認します。

●「若手の税理士を希望します」

もちろん、年配で経験豊富な大先生や、いわゆる「重鎮」と呼ばれるような税理士も頼りになります。でも、そういう方に限って、話を聞いてくれなかったり、こちらの言いたいことが言いづらかったり、質問もしにくいことがあります。面談のときには「この人は話しやすい」という直感も無視してはいけません。

●「ＩＴスキルと業界経験がある人を希望します」

ＩＴに強く、クラウド会計ソフトやオンラインストレージにスムーズに対応できる人が望ましいです。ですが、ＩＴに強くても「合理化」の名のもとに、領収書のデジタル化作業をこちらに任せる事務所もあります。その分価格が安ければいいのですが、そうではないこともしばしば。また、物販やＮＰＯ会計など特定の業界で仕事をしているなら、その分野に詳しい税理士にお願いするのがベストです。

STARTING a BUSINESS

077

フリーランス新法①「定義」に気をつける

フリーランスという働き方に憧れる人も多いでしょう。時間が自由になり、仕事を選ぶことができ、自宅でもカフェでも、旅をしながらでも働ける。会社と違って定年もなく、生涯現役でいられる。理想的だと思われるかもしれません。

ただ、水を差すようですが、フリーランスもいいことばかりではないのです。依頼主によっては、報酬が支払われなかったり、振り込みが遅れたり、ハラスメントに遭ったりと、問題やトラブルも少なくありません。それに、報酬や納期も自分で交渉して決めなければならず、取引先との力関係に差がありすぎる場合などは、どうしても仕事をいただくフリーランス側が不利な条件を呑まざるを得ないこともあります。

そんな立場の弱いフリーランスの方々を守るために、とうとう動きがありました。2024年11月1日から「**フリーランス新法**」がスタートしたのです。法律の正式名称は「フリーランス・事業者間取引適正化等法」。この名前からも分かるように、フリーランスと、仕事を依頼する企業との間の取引を法律によってルール化する取り組みです。

法律の対象となるのは、発注事業者がフリーランスに業務を委託する取引です。この新しい法律によって、**フリーランスに仕事を依頼する際に守らなければならない義務が追加されました**。ここで重要なのが、この法律上の「フリーランスの定義」です。**法律の中では、フリーランスを「特定受託事業者」と呼んでいます**。受託、つまり仕事を受ける側のことを指します。これに当たる条件は、主に次の二つです。

① 個人であって、従業員を使用しないもの
② 法人であって、一人の代表者以外に他の役員がなく、かつ従業員を使用しないもの

ここでいう「従業員」は、1週間の所定労働時間が20時間以上で、31日以上の雇用が見込まれる労働者を指します。派遣労働者を受け入れている個人事業主も「従業員を使用している」と見なされます。ただし、同居している親族の従業員は該当しません。

①、②の分かりやすい共通点は「**従業員がいないこと**」ですね。なお、副業で業務委託を請ける人もフリーランス、つまり「**特定受託事業者**」として扱われます。

もう一方、発注する側（発注事業者）は、「特定業務委託事業者」と呼ばれます。こちらは仕事を発注するので〝委託〟側ですね。これには次の二つが該当します。

① 個人であって、従業員を使用するもの
② 法人であって、役員がいる、または従業員を使用するもの

ここでは、分かりやすくするために「自分以外の誰かを雇っている」と考えてみてください。すると、本書をお読みいただいている方のほとんどは該当しないと思います。その場合、「業務委託事業者」と呼ばれます。

ネット上で見かける情報には、ときどき混乱させられることがあります。例えば、「従業員のいないフリーランスが、同じくフリーランスの人に業務委託した場合はフリーランス新法の対象外」と書かれていることがあります。しかし、公正取引委員会のフリーランス法特設サイトをよく読んでみると、そう単純ではないことが分かります。

具体的には、従業員のいない発注事業者（業務委託事業者）と、フリーランス（特定受託

事業者）との取引であっても「書面等による取引条件の明示義務（法第3条）については適用対象」と説明されています。つまり、完全に無関係というわけではないのです（公正取引委員会「フリーランスの取引適正化に向けた公正取引委員会の取組」参照）。

例えば、あなたが従業員のいないフリーランスのカメラマンだとします。自分の仕事が手いっぱいになってしまい、同じフリーランスのカメラマンに撮影業務を委託する場合には、書面等による取引条件の明示義務が適用されます。一方で、消費者への単なる販売行為には適用されません。消費者、つまりお客さまを撮影するなどのいわゆるBtoC取引については委託ではなく売買ですから、この法律の適用はないということになります。

ちなみにこの法律ですが、業種や業界で区別されることはありません。つまり、**フリーランスへの委託であれば全ての業務が対象になる**のです。例えば、ソフトウェアの開発を頼むときや、映像コンテンツやデザインの作成をお願いするとき、さらにはコンサルティングやセラピーなど役務の提供を依頼する場合もこの法律の適用を受けることになります。ですから、どんな業界であってもフリーランスに仕事を依頼する際はこの法律を念頭に置いておく必要があるわけです。

STARTING a BUSINESS

078

フリーランス新法②「取引条件の明示」に気をつける

さてここからは、最も多くの人に関係すると思われる「書面による取引条件の明示」についても詳しく見ていきましょう。これは、外注業者に業務を委託する場合に必要になるものです。

これまでフリーランスの人と仕事をするとき、どのように進めていましたか？　きちんとメールや書類などの「残る形」で依頼する人もいる一方で、漠然と口約束で進めてきた人もいるのではないでしょうか。特に顔見知りだったり、何度も依頼したりしている人の場合、その傾向は強くなります。

しかし、そうしたある種フランクな口約束がトラブルを招くことも少なくありません。例えば、仕事を受けたフリーランス側が突然仕事をキャンセルしてしまったり、あるいは委託側と途中で連絡が取れなくなったり、契約書がないため緊張感に欠けてしまい、スケジュールを守らなかったりなど、思わぬ事態に発展したなんてこともあったでしょう。

この法律では、そうしたトラブルを未然に防ぐために取引条件の口約束を禁じています。つまり、**業務を委託すると決まったら、すぐに書面で取引条件を提示しなければならない**のです。その明示方法ですが、書面もしくは電磁的方法があります。電磁的方法とは、電子メールや、Facebook、X、Instagramなどのメッセージ、そしてビジネス用のチャットツールなどを指します。

明示する内容は、次の8つです。

①業務委託事業者および特定受託事業者の名称
（ビジネスネーム・ニックネームでも可）
②業務委託をした日
（発注事業者とフリーランスとの間で業務委託することを合意した日）
③特定受託事業者の給付の内容
（品種、品目、数量、製品の仕様や規格などを明確にする）
④給付を受領または役務の提供を受ける期日
（商品の場合は納品日、サービスの場合は提供日を記載）

フリーランスと取引するときの書面での明示内容【例】

発　注　書

❶　　　　　殿

❷ 発注日：令和〇年〇月〇日
❶ 山田花子

下記のとおり、発注いたします。

❹ 納　　　期：令和〇年〇月〇日
❺ 提 出 先：〇〇@gmail.com
❻ 納品完了日：令和〇年〇月〇日
❼ 支払期日：令和〇年〇月〇日
❽ 支払方法：全額口座振込

合計金額　　❼　　　円(税込)

No.	品名、規格・仕様など	数　量	金　額
	❸		
		小　計	
		消費税	
		合　計	

備　考	口座振込にかかる手数料は当社が負担します。

⑤ 給付を受領または役務の提供を受ける場所
⑥ 給付の内容について検査する場合は、検査を完了する期日
⑦ 報酬の額および支払期日
（報酬額の具体的明示が難しい場合は、報酬算定方法でも可。例えば「報酬については、別紙の単価表に基づき算定した金額に、業務に要した交通費、○○費、△△費の実費を加えた額となります。」などと明示する。なお、具体的な金額の確定後には、速やかに金額を明示する必要がある）
⑧ 現金以外の方法で報酬を支払う場合は、支払方法に関すること

一方、電磁的方法で明示するには、次ページのような記載で問題ありません。

電磁的方法で記載する場合は、メッセージの本文に明示するべき事項を記載する方法だけでなく、明示事項が記載されたウェブページのＵＲＬを記載する方法や、ＰＤＦなどをメールに添付する方法も認められています。ＳＮＳのメッセージを利用する場合には、メッセージが削除される可能性もあるので、スクリーンショットで保存しておくなどを取り決めておきましょう。

フリーランスと取引するときの書面での明示内容【例】

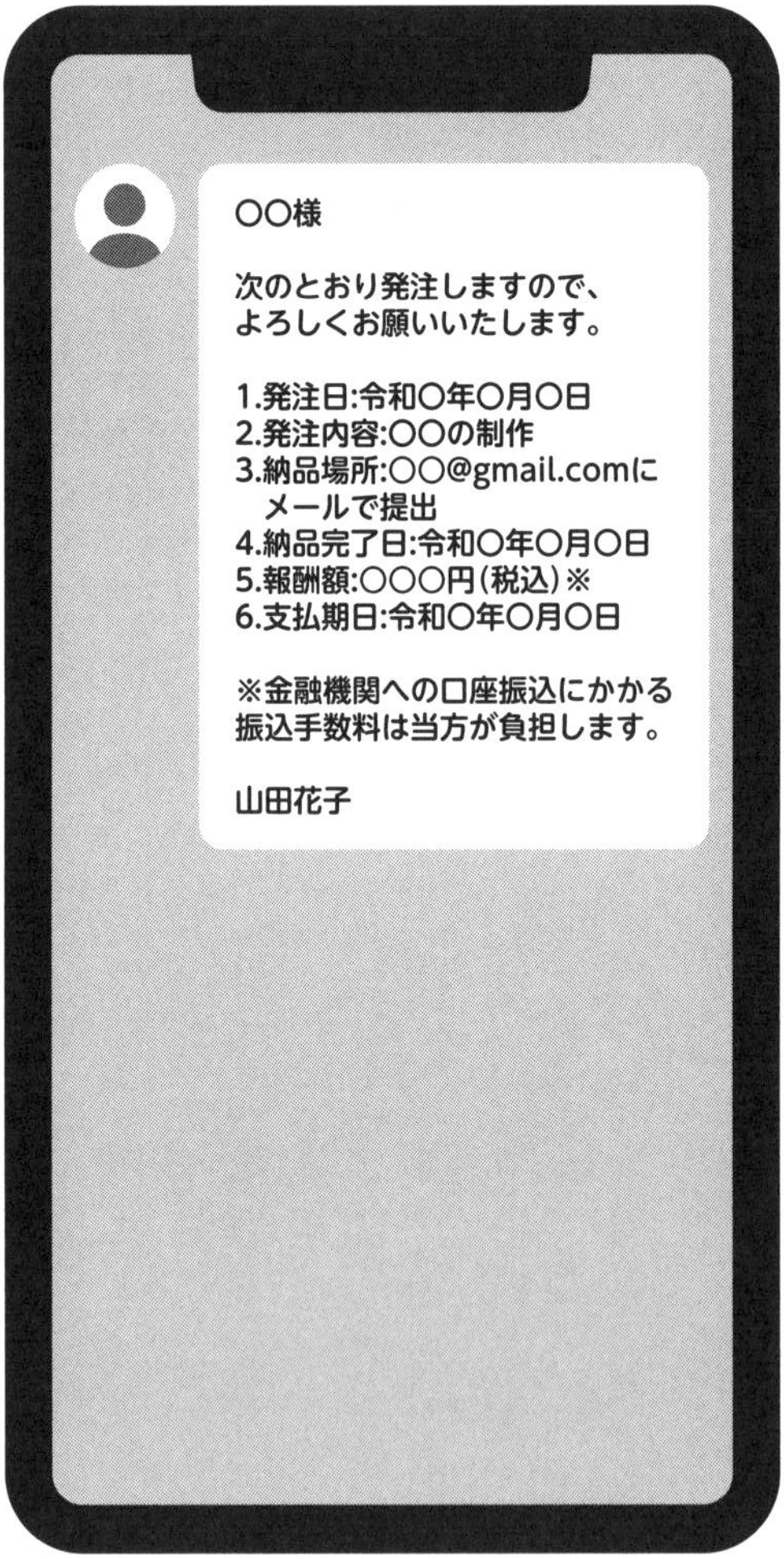
○○様
次のとおり発注しますので、
よろしくお願いいたします。
1.発注日:令和○年○月○日
2.発注内容:○○の制作
3.納品場所:○○@gmail.comに
メールで提出
4.納品完了日:令和○年○月○日
5.報酬額:○○○円(税込)※
6.支払期日:令和○年○月○日
※金融機関への口座振込にかかる
振込手数料は当方が負担します。
山田花子

フリーランスへの支払い期日は「60日以内のできるだけ短い期間」

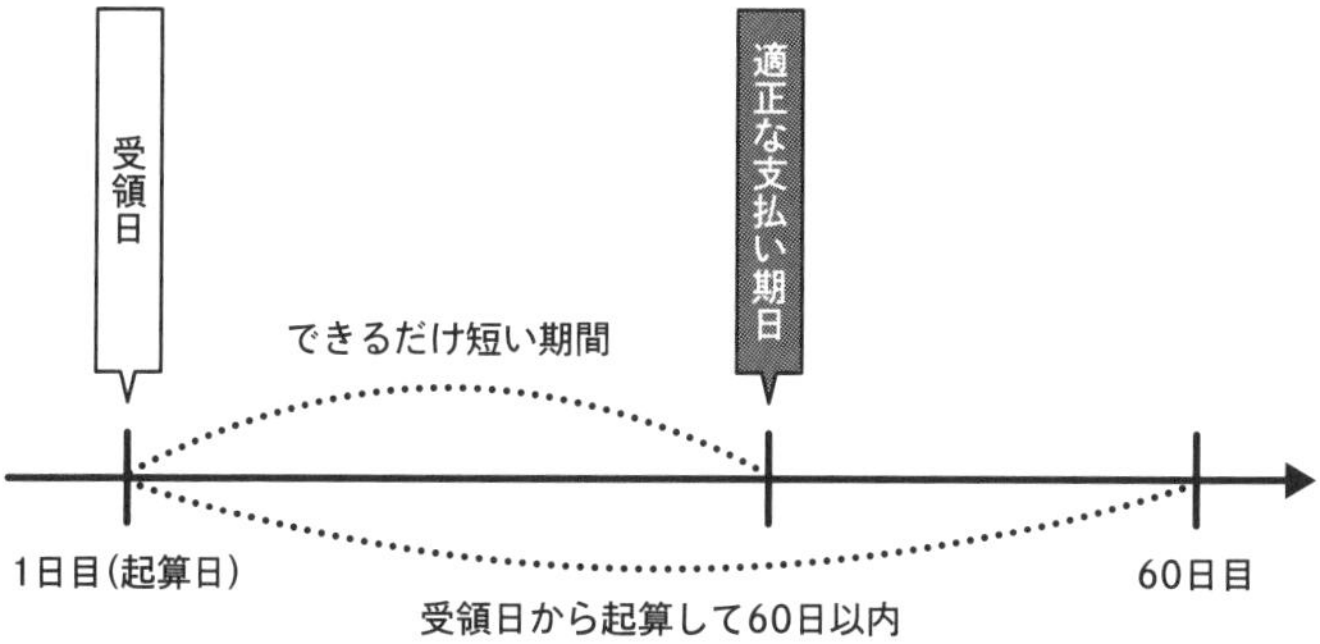

これまで、立場の弱いフリーランスは、報酬の支払い期日を延ばされてしまうこともありましたが、この法律では、報酬の支払い期日にも期限が設けられています。**期限は原則、商品やサービスの納品を受けた日から60日以内（再委託の場合は30日以内）のできるだけ短い期間内と定められています。**

なお、委託内容と適合していないなど、フリーランスの責めに帰すべき事由があり、報酬の支払前にやり直しをさせる場合には、やり直しをさせた後の給付を受領した日が支払期日の起算日になります。

STARTING a BUSINESS

079

フリーランス新法③「期間」に気をつける

フリーランス新法では、フリーランス（特定受託事業者）に業務を委託する「期間」に応じていくつかの禁止行為が定められています。例えば、フリーランスに1ヵ月以上の業務を委託する場合、従業員を使っている発注事業者（特定業務委託事業者）には、次の**7つの禁止行為が定められています**。

従業員がいない人にとっては義務ではありません。しかしながら、注意しておきたい常識として、心に留めておいてほしいポイントであることに変わりはありません。では、解説していきます。

①受領拒否

フリーランス（特定受託事業者）に責任がないのに、委託した物品や情報成果物の受け取りを拒むことは禁止されています。例えば、売れ行きが不振だという理由でデザイナーに製作を委託したアクセサリーの一部をキャンセルし、受領しないなどがあります。

②報酬の減額

フリーランス（特定受託事業者）に責任がないのに、契約時に定めた報酬を後から減額することです。例えば、ゲーム開発会社からイラストレーターにデザイン作成を委託した後に、制作予算が削られたために報酬の減額を依頼した例などがそれに当たります。

③返品

フリーランス（特定受託事業者）に責任がないのに、物品や情報成果物を受領後に返品することです。ただし、不良品などがあった場合には受領後6ヵ月以内に限って、返品することが認められます。

④買いたたき

フリーランス（特定受託事業者）に委託する物品などに対して、通常支払われる対価に比べて、極端に低い報酬の額を定めることです。

⑤購入・利用強制

フリーランス（特定受託事業者）に委託した物品の品質維持や改善のためなどの正当な理由がないのに、発注事業者が指定する物や役務を強制的に購入させたり、利用させたりすることです。

⑥不当な経済上の利益の提供要請

発注事業者がフリーランス（特定受託事業者）に金銭や役務、その他の経済上の利益を提供させることで、フリーランスの利益を不当に害することです。例えば、荷物の運送のみを委託しているのに、荷積作業を無償で行わせるなどを指します。

⑦不当な給付内容の変更、やり直し

フリーランス（特定受託事業者）に責任がないのに、費用を負担せずに発注事業者側の都合で注文内容を変更したり、受領後にやり直しをさせたりすることです。フリーランスが負担した作業に応じてきちんと費用を支払いましょう。

このように、業務委託期間が長くなる場合には、禁止事項も増えてきます。トラブルにならないため、あなたに従業員がいない場合（業務委託事業者）でも、気をつけるようにしてください。

ほかにも、業務委託が6ヵ月以上になる場合の禁止事項などがありますが、ここでは特にトラブルになりやすいものを抜粋しました。詳しい法律判断は、専門家に確認することも大切です。

STARTING a BUSINESS

080

フリーランス新法④「募集」に気をつける

業務委託をするために、フリーランス、つまり特定受託事業者を募集する際にも注意が必要です。募集広告に書いてはいけないこと、そして必ず書かなければいけないことがあります。これは大事なポイントなので、しっかり覚えておきましょう。

まず、募集広告には、**実際の条件と異なる虚偽の情報を載せてはいけません**。これは言うまでもありませんね。例えば、実際の報酬よりも高い金額が支払われるように見せたり、実際に行う業務内容とは異なることを記載したりするのはダメです。

さらに、**募集内容は常に最新のものでなければなりません**。募集が終了した場合は、速やかに募集終了であることを掲載します。ランサーズなどのクラウドソーシングサイトを通じて募集を行う場合でも同じです。速やかに情報を更新するか、そのサイトの運営者に募集が終了したことを知らせる義務があるのです。

フリーランス（特定受託事業者）を募集する場合、次の5つの項目について、虚偽の表示になっていないか、正確で最新の情報を掲載しているか常に確認するようにしましょう。

①募集の内容
（成果物や役務提供の内容や検収の基準、不良品の取り扱いに関する定めなど）
②業務に従事する場所・期間・時間に関する事項
③報酬に関する事項
（報酬の額、報酬から控除される交通費や材料費など）
④契約の解除・不更新に関する事項
（契約の解除理由、中途解除の際の費用や違約金など）
⑤フリーランス（特定受託事業者）の募集を行うものに関する事項
（特定業務委託業者＝発注事業者の名称や業績など）

フリーランス新法に関しては、公正取引委員会の特設ホームページで確認できます（公正取引委員会「公正取引委員会フリーランス法特設サイト」参照）。

CHAPTER

5

起業がうまくいっている人の心得

STARTING a BUSINESS

081

信頼できるビジネスパートナーがいるといい

第5章では、25年以上にわたり、起業準備を進める会社員たちの〝現場〟に寄り添ってきた人間だからこそ伝えられるお話を紹介したいと思います。

起業家は孤独なものです。

会社でうまくやっているやつと違ってごまかしがきかない。全てが自分の責任として返ってくる。あらゆる選択や決断が自分の両肩に重くのしかかってきます。

当然、悩み、迷うものです。

ですが、ずっと一人で悩んだり迷ったりするのは、想像以上につらいものです。そういうときに、**同じ目的に向かってチャレンジしている「信頼できるパートナー」と悩みを共有できれば、気持ちがとても楽になります。**

小さく起業するときは、一人でやったほうがいいのは間違いありません。スケジュール調整の必要もない。物事がスムーズに進む。自由に身動きが取れる。人件費もかからない。さらに言えば、会社のような「稟議」も、承認という名の「スタンプラリー」もいらない。面白いアイデアが出ればすぐに実行できます。

ですが、そのうちどうしても時間が足りなくなったり、自分だけではできないことが出てきます。そんなときに欠かせないのが、信頼できるパートナーです。

私は今なお、基本的に一人で仕事をしていますが、起業18フォーラムの講師チームをはじめ、エンジニア、ファシリテーションスタッフ、事務局スタッフ、デザイナー、そして動画編集者など、たくさんの信頼できるパートナーに囲まれて仕事をしています。起業当初からのパートナーとは、もう数十年以上の付き合いです。

こうした信頼できる仲間と出会い、そして一緒に仕事をしていると、仕事だけでなく「人生そのものが豊かになる」ことを実感しています。

STARTING a BUSINESS

082

パートナーシップの形は一つじゃない

小さな起業において、パートナーシップにはさまざまな形があります。

「仕事を手伝ってくれる家族」というのは、一番分かりやすい例でしょう。お金の管理も安心して任せられますし、何よりも信頼できるという点で最も理想的だと思います。

それ以外にも、私がやっているような**「元お客さまがパートナーになる」**というケースもあります。

起業18フォーラムの講師チームやスタッフは、全員が元お客さまや現役のお客さまである起業家たちです。彼らは私のことも、フォーラムの内容もよく理解してくれているので、安心して任せることができます。昨日今日に始まった間柄ではありません。信頼の「ベース」ができているのです。

ほかにも、スキルシェアサイトで出会った外注さんも含めて、さまざまな形のパートナーシップがあります。

パートナーを選ぶときに注意したいのは、「熱量」と「スピード感」が自分と合っているかどうかです。この二つが自分より低い相手と組むと、ほぼ間違いなくストレスを感じることになり、最終的には関係が破綻してしまいます。

また、「うまくいくならやる」というスタンスの人同士で組むと、結局何もしないで終わってしまうことが多くなります。

起業準備を強制的にでも進めたいのであれば、自立心のある、自分よりも先を行く人と組むといいでしょう。

熱量もスピード感も全く違って、プレッシャーを感じることもあるかもしれませんが、その分だけ食らいついていけば、大きな学びと成果を得ることができるはずです。

STARTING a BUSINESS

083

本気で頑張っている人には、仲間が集まる

これまでにお話ししましたように、小さな起業は基本的に一人で進めていくことを前提にしています。ただ、信頼できる仲間がいるのはいいものです。一人のときよりも大きなことにチャレンジできるようになり、事業を続けていく力にもなります。このようないわゆる「パートナー」には、家族や元お客さまなど、さまざまな形があることもご紹介しました。では、どうすればそんな理想的な「協力者」「仲間」を獲得できるのか。答えはシンプルです。**「あなたが本気で頑張ること」**です。

このことを証明する興味深い論文があります。カリフォルニア大学のキャメロン・アンダーソン博士らの研究チームによる研究です。

ビジネスの世界では、厳しく、激しい競争にさらされ、生き馬の目を抜くような戦いが繰り広げられます。そのためか、こうした環境に身を置く人間は、わがままで、自分の利

益のために他人をだましたり、権力を好む人が多いと思われがちです。日本では特に、敏腕経営者や政治家は悪人というイメージが強いように感じます。しかし、実際には、そのような**自分勝手で威圧的な人は、その力を長く維持することができない**ことが、学生から社会人までの追跡調査で明らかになったのです。そのような人は次第に周囲から見放され、結果的に影響力を持つ地位から追われることになります。

私自身、会社員時代に上司からの圧力に苦しめられ、「どうしてこんな人が上にいるんだ？　この会社はおかしい」と思っていましたが、やはりその人も最終的には失脚していました。

確かに、一人で戦っていれば、気も強くなりますし、我も強くなります。聖人君子ではいられないこともあります。ですが、たとえできなくても、理想に向けて少しでも努力をすること。そして、その努力を知ってもらうことも同じくらい大切です。

有言実行を続けながら、人格者であることを目指す。もちろん、しんどくなることもあります。そんなときは「しんどい」と言ってほかの人を頼っていい。そうやって、正直に生きる。そんな人間味のある人なら、仲間はどんどん集まってくるでしょう。カリスマになんか、なれなくていいのです。

084

去る者は追っても仕方ない

起業準備を始めると、これまでの人生とは比べようもないほど多くの人たちと出会い、その中の何人かとは「濃い」付き合いをすることになります。お客さまはもちろん、パートナーや取引先など、さまざまな人に囲まれて仕事をしていくわけですが、悲しいことに、皆がずっとそばにいてくれるわけではありません。残念ながら、あなたの元を去っていく人も出てくるのです。**人が自分の元を去る理由は、必ずしも自分の責任とは限りません。**次のステージに進む人、より良い条件のところに行く人、廃業する人。事情はそれぞれです。中には、いいかげんな人もいます。過去には、仕事を契約した次の日に、「ほかの人の仕事が入ったので、あなたの仕事はやっぱりやりません」と平気で言ってくる人もいました。

どんな事情であれ、自分が大切に思っていた人ほど、離れていってしまったときのショックは大きいものです。業務的な痛手はもちろんですが、「何がいけなかったのだろう」

「もっと大事にしていればよかった」などと、メンタルがしんどいというのが本音です。でも、どれほどつらくても、去る者を追うのはやめたほうがいいと思います。

信頼関係にあった人が、あなたから離れる決断をしたのです。あなたからすれば、その行動は突発的なものに見えるかもしれませんが、その背後には兆候があったのかもしれない。衝動的に「辞めてやる！」と言い出す人もいないとは限りませんが、実際には一つのことだけで突然沸点を超えることはないでしょう。相手の心は、少しずつ、少しずつ、距離を取っていたのです。

もう一つ、去る者は追わないほうがいい理由があります。それは「辞めます」と言われたからという理由で、報酬を上げたり、話を聞いて引き留めたりしても、**一度心が離れた人は、同じようなきっかけがあればまた同じ行動を取る可能性が高い**からです。そういう人と、信頼できるパートナーとして一緒に仕事ができるでしょうか？　少なくとも、私には難しかったです。ドライに聞こえるかもしれませんが、私は引き留めることは一切しません。離れた人から「戻りたい」と言われても、全員、お断りしています。

去る者は追わない。その人の決断と未来を尊重して、次に出会う人と新しい関係を築いていく。寂しさを感じることもありますが、その先に真のパートナーシップがあります。

先に述べましたように、すれ違っていく人や価値観の合わない人を無理につなぎ留めておく必要はありません。ですが、そうでない場合、せっかくつながったご縁は維持しメンテナンスしておいたほうがいいでしょう。たとえお金や手間がかかったとしてもです。何かを期待するわけではありませんが、そのご縁がいつ、何につながるか分かりません。

私自身も、過去にご縁があった方々から、時折食事や飲み会に誘っていただくことがあります。正直なところ、お金もかかって大変ですが、できる限り参加するようにしています。人付き合いが苦手なので、行く前には緊張したり気が重かったりすることもあります。ですが、結局行けば楽しいことばかりですし、学びも多いのです。最後にはいつも、「あぁ、また来たいな」と思います。会社員時代の飲み会とはずいぶん違います。

この活動の目的は、**せっかくつながったご縁が切れないようにする**ことです。飲み会に参加することが大事ということではありません。たとえ直接会う機会が少なくなっても、SNS上でちょっとしたやりとりをするだけでもいいのです。直接ビジネスに結びつかなくても、数分、数千円の投資で得られる「見えない成長機会」を、どうか忘れないようにしてください。

STARTING a BUSINESS

085

今一度、自分を知るべき

アイデアの発想はいい。
商品もよくできている。
資金も時間もある。
正しい行動を積み重ねている。

なのに、思うような結果を出せない人がいます。これは実にもったいない。
一体なぜ、このようなことが起こるのでしょうか?

その理由やチェックすべきポイントはたくさんあります。
中でも、**特に見落としがちなポイントは「自分のことを分かっていない」こと**です。残念ながら、自分のことを分かっていない人が、起業で結果を残すのは非常に難しいのです。

例えば、株式投資の基礎を教える講師を目指しているRさんは、輝かしい実績と分かりやすい解説ができるプレゼン能力を持ち、多くの人から「彼は起業したら間違いなく成功する！」と評価される逸材でした。しかし、彼のセミナーには人が集まるものの、主催する勉強会コミュニティには入会者がなく、なかなか軌道に乗せられずにいました。

彼は私にセミナー資料や勉強会コミュニティのカリキュラムを見せてくれましたが、その内容は初心者向けに丁寧に作られており、私自身も参加したくなるほど素晴らしいものでした。それにもかかわらず、なかなか売れないという現実に直面していました。

私は原因を特定しようと、実際に彼のオンラインセミナーを受けてみました。すると、その原因が分かりました。それはなんと…「顔」だったのです。

ご経験があるかもしれませんが、オンライン会議で参加者の顔が「怖い」と感じたことはありませんか？　私たちの顔は40代にもなってくると、自然と口角が下がりがちになり、オンラインで見ると普通にしているだけなのに怒っているように見えるのです。知り合いならそうは思わないかもしれませんが、初対面の人には怒っているように見えることがあります。

そんなRさんの顔も、残念ながらめちゃくちゃ怖いのです。声も低いため、「この人のコミュニティ…。うーん、検討します」となってしまうのです。

さらに、Rさんが優秀すぎるためか、レクチャーには遊びがなく、楽しさが感じられません。「変な質問でもしようものなら、詰められてしまうのではないか…」という恐怖感すらありました。これでは、人が去ってしまうのも無理はありません。私は、セミナーの内容よりも、見た目のイメージを変えれば状況が改善するのではないかと確信しました。

そこで私はRさんに「セミナーで金髪のヅラをかぶるとか、『借金10億円』みたいなTシャツを作って制服にしたら？」と提案しました。さすがに私のアドバイスが極端すぎたのか、その通りにはしてくれませんでしたが、それからは意識して口角を上げてくれるようになり、第一印象を改善することができました。

基本的には、弱みを克服するよりも強みを伸ばすほうがいい。それは間違いありません。

ですが、これくらい**簡単に改善できるポイントならば、それは取り入れたほうがいい**でしょう。

たった一つ細かな点を直すだけで、結果がガラっと変わるかもしれないのですから。

STARTING a BUSINESS

086

「裸の王様」は終わりの始まり

ビジネスがちょっとうまくいき始めると、とにかく自信がついてくるものです。お勤めしている会社で、上の方針に疑問を感じながらも言われた通りに行動し、その結果責任だけを押しつけられたり、そもそも意見が通らない立場にいたりした人ほど、その反動はすさまじいものがあります。

自分が狙ったことが思った通りに次々と実現し、自分で作った商品がどんどん売れていく。味わったことのない快感、爆上がりする自己肯定感。「ほら見ろ、やっぱり俺は正しいんだ」と叫びたくなる、止まることのない痛快な気分。こうなるともう大変です。何か意見されてはイライラし、苦言を呈された日には「誰に向かって言ってんの？」と不快感をあらわにしてしまうことも。これがいわゆる「調子に乗っている」というやつです。

事業がうまくいった経験のある人なら、この辺りまでは思い当たる節があるかもしれませんね。この段階ならまだ軌道修正ができます。

問題は、ここで歯止めがかからず、「裸の王様」になってしまった場合です。『裸の王様』は、デンマークの童話作家アンデルセンが書いた有名な物語です。「馬鹿者には見えない布地」を献上された王様が、裸で街を練り歩くという話です。この童話の重要な部分は、王様が「自分は馬鹿ではないのでその布が見える」と見栄を張ってしまい、結果として判断を誤り、恥をかくことです。自分の仕事がうまくいって調子に乗るくらいならまだしも、そのせいで**人の意見を聞かなくなったり、自分を守るために見栄やプライドで物事を判断するようになったりしたら、それはもう終わりの始まり**です。

残念なことに、ここで「そうならないように注意しましょう」と言ったところで、すでにそうなってしまった本人は、そのことに気づくことができません。童話とは違い、現実では、人が離れ、笑われ、自分より強い人に怒られ、そこでようやく状況を理解することになるのですから。言うまでもなく、時すでに遅しです。

本人に見栄やプライドという意識はなくても、これまでのやり方や成功体験にこだわっていると、チャンスを失うことも多くなります。初めて商品が売れたとき、お客さまからうれしいお言葉をいただいたとき、パートナーと喜びを分かち合ったときの感動を忘れず、常に謙虚に、しかし前向きにチャレンジし続けましょう！

STARTING a BUSINESS

087

完璧主義なんて今すぐ捨てていい

「お客さまに提供する」というプレッシャーから、商品やサービスを120%のものに仕上げようと「完璧」にこだわり、結局いつまでもリリースできない人を見かけます。しかし、そこで完璧主義に陥るのは、はっきり言って無駄です。完璧主義そのものが悪いわけではありませんが、今すぐに完璧を追求するのではなく、お客さまの反応を見ながら、徐々に完璧を目指して変化していけばよいのです。

Googleがここまで急成長し世界的な企業となった背景には、**「プロトタイプ（試作品）思考」**の採用があるからだと言われています。プロトタイプ思考とは、莫大なコストや時間をかけてアイデアを完成させるのではなく、まず必要なプロトタイプを制作してユーザーテストを行い、実際に使ってもらいながら、ユーザーの反応をもとに進むべき方向を短時間かつ低コストで探るという考え方です。Googleの創業者ラリー・ペイジとセルゲイ・ブリンは、最初から完璧な検索エンジンを目指していたわけではありません。彼らはまず「Backrub」というプロトタイプを早い段階で作成し、スタンフォード大学のネットワークでテストを行いました。ユーザーからのフィードバックをもとに改良を重ねた結果、後にGoogleとして広く認知される検索エンジンが誕生したのです。できるだけ早く試作品を作り、お客さまに実際に使ってもらい、そのフィードバックをもとに本格的な開発に進むことで、打率を高めることができたということです。仮にその過程に大きな手間や費用がかかるとしても、お客さまからのフィードバックを反映した「必要な投資」なので、躊躇せずに資金を投入することができるのです。

ただ、「これ、よく分からない」「もっと良くならないの？」などと言われれば落ち込むこともあります。しかし、それは必ずしも商品やサービスが問題だとは限りません。初心者向けに作ったものを上級者が購入してしまい「買って損した」と感想を述べたり、書籍であれば「こんなこと知ってたわ」というレビューを見かけることもありますが、これは**「その人はお客さまではなかった」**というだけです。必要としてくれる人に届ける機会を逃さないためにも、まずは出す。人に意見を聞いて、次に生かす。それ以外にありません。

088

経営理念とは、自分らしさ

皆さんの会社にも、「経営理念」が掲げられていることでしょう。これは、ビジョンやガイドライン、活動方針などを示すものですが、簡単に言えば、「**自分の言葉で表明する自分らしさ**」だと考えています。

個人で活動している場合には、経営理念を意識する人はあまりいないかもしれません。わざわざ言葉にしなくても、自分の中には根付いているものですし、日々の行動そのものが、すでに自分の信念に基づいたものだからです。

ですから、今すぐに経営理念を作る必要はないかもしれません。事業を拡張したいと思ったときや、初めて誰かを採用するタイミング、そしてもっと多くの人と関わるようになったときに考えるようにしてください。**自分の信念や判断基準、行動の指針を言葉にすることで、力を最大限に発揮できるようになる**はずです。

ちなみに、私自身は、事業を拡大するつもりは全くありませんし、「理念を作るべきだ」などと人に言える立場ではありません。

これまでの人生における失敗のうち、99％が人間関係に関わることというありさまのため、正直、組織を持たずに一人でやるほうが気楽だと思っています。きっと同じような人は多いのではないでしょうか。

ビジョンはもちろんありますが、それも「仲間と楽しく」「家族と笑顔で」「あまり忙しくなく」などといった具合で、あまり起業家らしいとは言えません。原稿を書きながら考えてみると、自分でもちょっと呆れてしまいます……。

ただ、だからこそ言えることがあると思います。それは、**「あなたにも、自分に合ったやり方で、幸せな起業を目指してほしい」**ということです。

起業と一言で言っても千差万別ですし、成功の定義も人それぞれです。誰かのまねをする必要はないし、自分のペースで、自分の夢に向かって歩めばいいのです。失敗も成功も全て経験として蓄積されていくのですから、自分だけの「幸せな起業」を追求してほしいと思います。そして、その過程で見つけた「あなたらしさ」が、一番の財産になるはずです。

STARTING a BUSINESS

089

得意なことで相手の期待を超えていく

商品やサービスの品質を維持しようとする際に、つい「弱みを補完」したくなることがあるでしょう。でも、小さな起業の場合、**それで一体どれだけの人の期待を超えられるのか冷静に考えるべき**です。もしコストばかりがかさんで、「結局そんなに求められていなかった」なんてことになったら困りますよね。それこそ本末転倒です。

過去にこんな事例がありました。Aさんはビジネス英会話の勉強会を主催していました。最初は月に一回の開催だったのですが、参加者から「もっと開催数を増やしてほしい」とリクエストされ、勉強会を月三回に増やしました。Aさんが使う時間は三倍になり、自分一人では継続することが難しくなったので外部講師を頼むことに。当然、外注費は二倍になりました。ところが、勉強会の参加者は大して増えず、リクエストした張本人もたまにしか参加してこなかったのです。それだけでなく「文法のクラスもやってほしい」とか

「申し込みをもっと簡単にできるようにしてほしい」など、次々とリクエストが飛んできました。Ａさんは外部講師をさらに増やし、システム投資も行いました。でも、やっぱりそれほど利用されることはありませんでした。

こんなことはよくある話です。もちろん、足りない部分を補い、お客さまの要望に応えて、サービスの品質を維持、向上させるのは大事なことです。ですが、小さな起業をする場合には、それらにかけられる時間やコストは限られています。足りない部分を補うために投資をしても、その割にお客さまの反応は鈍く、効果が感じられない…。そんなときは、発想を転換する必要があります。

まず検討してほしいのは、自分の強みや得意分野に焦点を当てること。もともと自分が得意なことは、**弱みを補完するよりもずっと簡単に実行できます**。先ほどの英会話の例で言えば、月に一回だけでも集中して学びたい人に特化し、文法などあれこれ広げずに、英会話でより成果を出せるようにコンテンツを進化させればもっと伸びたはずです。

あれこれやって疲弊するより、強みや得意な分野に特化し、お客さまの期待を超えていく。小さな起業においては、**自分の弱みを克服したり、事業範囲を広げたりするのはその後でいい**。自分自身がもっと「強くなってから」でいいのです。

STARTING a BUSINESS

090

課題を見つけて、できることをやる

不思議なことに、起業準備を始めたタイミングと同じくして、本業での評価が上がった、昇進したという人をこれまでたくさん見てきました。その理由は、起業準備を通して「課題解決力」が身についたからにほかなりません。言われたことをただやっている起業家など皆無です。生産性の低い仕事をそのまま放置する起業家もいませんし、危機感を持たずに経営を続けている経営者もいません。同じように、たとえ会社員であっても、**起業準備を始めることで仕事に対する感覚が大きく変わる**ものです。日々の活動の中でいくつもの課題が見つかり、それに対して自分がどう対処するのか考えるようになるのです。課題をそのまま受け入れるのか、あるいは改善するのか、改善するとしたら今の自分の実力で「何を」「どこまで」できるのか、そんなことに自然と頭を巡らせるようになります。

規模は少し異なりますが、「課題を見つけて、できることから実行する」という話で、こんなことがありました。新型コロナウイルスによって世界が大混乱に陥っていたとき、医療現場で大量の人工呼吸器が必要になりました。当時、人工呼吸器が不足している地域では、多くの命が危険にさらされている状態でした。

そこで、NASAのジェットエンジン推進研究所（JPL）のチームが手を挙げました。「自分たちに何かできることはないか」と、自発的に動いたのです。彼らは、オンライン会議で意見を交わし、医療の専門家にも相談を重ねた結果、病院で使われるような大型で多機能な人工呼吸器ではなく、その不足を補うためのシンプルかつ効果的な呼吸器を開発することなら、なんとか状況を改善できるのではないかという結論に至りました。

簡易な人工呼吸器の開発は、コロナ禍の供給システムに負担をかけないよう、複雑な部品や製造プロセスを最小限に抑えて行われました。また、既存の製造ラインや技術を活用し、簡単に生産できるよう工夫が施されました。さらに、コストを抑えつつ高い性能を維持するため、必要最低限の機能に絞られました。米国食品医薬品局（FDA）からの緊急使用許可（EUA）を迅速に取得し、短期間のうちに臨床現場で使用できる状態に仕上げました。わずか37日間で製品化にこぎつけたのです。**自ら課題を見つけ、それを眺めるのではなくできることをやっていく。**この姿勢こそ、起業家です。

STARTING a BUSINESS

091

目の前のチャンスをつかむために

起業家は、常に仕事のことを考えています。大げさに言えば、仕事を忘れて遊べる日など一日たりともありません。だからこそ、頭の中には常に「チャンスをつかむためのフック」が備わっていると言えます。

本書では、度々「チャンス」について触れてきました。前述のように、準備が整っていないところにはチャンスは訪れません。仮に準備が整っていても、そのチャンスは一瞬で過ぎ去り、「どうしようかな」とためらっているうちに消えてしまうのです。

幸運は、来たときにつかまなければならない。まさに、**「チャンスの神様は前髪しかない」**という言葉が示す通りです。この言葉は、ギリシャ神話の神様、カイロスに由来すると言われています。カイロスは「時の神」であり、また機会やチャンスを司る神でもあります。彼は前髪だけが長く、後ろは禿げているという特徴を持つとされています。このため、**チャンスは前から訪れるときに素早くつかまなければ、後ろに回ったときにはもうつ**

かむことができない。このように言われています。

さらに、カイロスにはもう一つの意味があります。それは、人間が感じる主観的な時間、つまり内的な時間を指します。時は、過去から未来へ一定の方向に流れる機械的なクロノスという時間と、カイロスという主観的に感じる時間の二つがあると言われています。

実際のところ、自分に今起こった出来事がチャンスであるかどうかは、自分自身にしか分かりません。日頃から意識していなければ、自分自身ですら分からないでしょう。

今、目を閉じてみてください。

そして、部屋の中にある「赤いもの」を全て思い出してください。全てです。

……。いかがでしたか？　住み慣れた部屋なら全て思い出せたかもしれませんね。ですが、会社の事務所だったり、よく行くカフェやレストランだったりするとどうでしょうか？　私たちは、実は「見よう」と意識したものしか見えていません。そのことを先ほどの「赤いものを思い出す」で実感できたはずです。同じように、今目の前にある「あれやこれ」も、フックが備わっていればチャンスに変換できるかもしれないのです。

STARTING a BUSINESS

092

やる気は使いすぎない

「自我消耗」という言葉を聞いたことがありますか？　アメリカの心理学者、ロイ・バウマイスター博士が提唱した、やる気が枯渇するという理論です。

博士はある実験を行いました。まず、空腹状態の参加者たちにおいしそうなチョコチップクッキーの香りをかがせます。その後、彼らを2つのグループに分け、それぞれのグループに難しいパズルを解いてもらうことにしました。2つのグループの前には、クッキーと大根が置いてあります。1つのグループには「クッキーを好きなだけ食べていいですよ」と伝え、もう1つのグループには「クッキーは食べずに、大根だけを食べてください」と指示したのです。その後、どちらのグループがどれだけ長くパズルに挑戦できるか、つまりギブアップするまでの時間を計測しました。

結果は驚くべきものでした。クッキーを食べることを許されたグループは、平均して19分間パズルに挑戦することができました。しかし、大根を食べさせられたグループは、わずか8分でギブアップしてしまったのです。つまり、目の前のクッキーを我慢することで、エネルギーが消耗してしまったというわけです。

起業準備の現場でも、これと似たようなことがしばしば見受けられます。自分にとって難しいことや、あまり好きではないことを無理に続けていると、すぐにエネルギーが枯渇してしまいます。逆に、クッキーを食べながら、つまり楽しいことを自由にやっていると、先ほどの例で言うところの「難しいパズル」のような、**日々忙しい会社員生活と起業準備を両立させている状況であっても、エネルギーの消耗は意外と少ない**のです。

とはいえ、やりすぎは禁物です。ほどほどに休みながらでお願いします。

さて、あなたにとってのクッキーは何でしょうか？

楽しいことや、好きな人、報酬、充実した時間…思い浮かぶものはいくつもあるでしょう。自分自身を知ることは決して簡単ではありませんが、その問いとじっくり向き合ってみてください。そこには、あなたのエネルギーを保ち続けるヒントが隠れているかもしれません。

STARTING a BUSINESS

093

苦手なことは細かく達成していく

小さな起業は、長く続けていくことが基本です。短期間で大儲けして、会社を売却し、いわゆるFIRE生活に突入する。確かにそんな人生に憧れてしまいますが、実際にそんなことを成し遂げられる人はほんの一握りです。

地味な話かもしれませんが、コツコツと続けていくことで信用が生まれ、その信用が事業をさらに長く続けさせてくれるのです。たとえ時代の流れによって事業がうまくいかなくなったとしても、「人」として信用されていれば、手を差し伸べてくれる人が現れるかもしれませんし、いつか復活のチャンスが訪れることもあるでしょう。

では、その「長く続ける力」や「やり抜く力」は、どうやったら身につけられるのでしょうか？　正直に言えば、私は**「そんな力は後天的には身につかない」**と思っています。なぜなら、私自身、「やめたらペナルティがある義務」と「楽しいこと」以外、何も続けられない人間だからです。

私はよく、「1つのことを続けるのが得意です」と自己紹介することがあります。でも、厳密に言うと、それはちょっと正確ではありません。**「楽しいことをしているから続けられている」**だけです。実際、会社員生活は続けられませんでしたし、今でも梱包や発送作業など、どうしても好きになれない業務があると、それをやろうと決意するだけでも2日も3日もかかってしまうことがよくあります。ですが、文章を書くことや、頑張っている人と話すことは大好きです。なので、起業18フォーラムの会員さんにアドバイスしたり、本やブログを書いたりすることは、何も考えずに、自然とできてしまいます。

一人で仕事をしていると、どうしても苦手なことや嫌いなことに向き合わなければならないときがきます。そんなとき、少しでも前向きになるためには、どうすればいいのか。

私の場合、目標を小さく分けて、何日にも配分して、少しずつ進めるようにしています。「今日は段ボールを買ったから、ラーメンを食べよう」「今日は梱包が終わったから、あとはゲームをしよう」「今日は伝票を書いたから、自分へのご褒美で飲みに行こう」…と、そんな感じで自分にご褒美をあげながら、とんでもなく遅い歩みで仕事を進めていきます。

私にとっては、この細かいステップと小さな達成感、そして報酬の組み合わせが効果的なのです。**遅くとも、歩みを止めなければ、それでいい**と考えています。

094

逆境を楽しむ「M」のメンタル

会社を辞めて独立した人にとって、最大の逆境はどんなときだと思いますか？

やはり、「ビジネスが軌道に乗らず、経済的な不安を抱えているとき」でしょう。

一方で、会社員のまま小さく起業準備を進めている場合は違います。経済的な心配よりも、**「周りと比べてしまうとき」**です。周りの人が次々と成功していくのに、自分だけうまくいかない。あれこれ言い訳をしてしまって、結局動いていない自分自身に対する憤りを感じたときこそが最大の逆境であり、ストレスを感じる瞬間です。

そのような状況にいる人に、「強くなれ」「まだまだこれから」「また立ち上がれ」とかそんなことを言うのは簡単です。でも、そんな簡単なことではないですよね。そもそも、逆境に一度も出会わない起業活動なんてあり得ません。だからこそ、**逆境を何とかしようとするのではなく、むしろそれを受け入れて、共に生きるか、あるいは鈍感になってしまう**くらいのほうがきっといいと思うのです。

つい他人と比較してしまう人は、**起業準備を始めたころのあなたと今のあなたを比べてみましょう**。何もできていないとか、人より遅れているとか、そんなふうに思っているかもしれませんが、あのころよりは経験値が溜まって成長しているはずです。それを素直に褒めてあげてください。

「まだ成果が出ていないのに自分を褒めるなんて、そんなことできない！」と思ってしまう人もいるでしょう。でも、そう思うということは、本当はいち早く結果を出したいし、もっと上に行きたいと思っている証拠。自分の本音に気づいたら、あとはもうまっすぐ進むだけです。言い訳したくない、その気持ちに素直に従ってみましょう。

大丈夫です。今は周りの人がすごく先に行ってしまったように見えても、自分がその位置まで行ったとき、それは「ほんのわずかな差」だったと気づくはずです。

そんなことを言われても、それでもつい比べてしまうのが私たちです。

でも、仮に負けていたとしても、悔しくても、それはそれでいいじゃないですか。

逆境を楽しむ「M」のメンタルでいきましょう！

STARTING a BUSINESS

095

休日を「悩み」に使わない

シフト制の人はそうではないかもしれませんが、会社に勤めていると、基本的には週休2日ですよね。「よし、土日に起業準備を進めるぞ！」と意気込む人も多いですが、それはあまりおすすめできません。**休みの日を起業準備の時間に充てるのは、せいぜい半分までにしましょう**。残りの半分は、ちゃんと休息や家族との時間に使ってください。

そもそも、起業準備は、休みの日に一気に片付けられるようなものではありません。むしろ、毎日コツコツ、1日30分でも空いた時間に少しずつ進めるほうが、結果的に効率がいいのです。

実際に起業準備を進めている方に生活ログをつけてもらうと、意外としっかりYouTubeを観たり、ゲームをしたりする時間は確保されていたりします。こちらが心配するほど起業準備に没頭している人は、実はかなり少数派です。それはそれで各自のペースがあるので構いません。いざ「ここだ！」というタイミングやチャンスが来れば、今までの人生にはなかったくらいの集中力で突っ込んでいくこともあるでしょう。

普段から修行僧のように禁欲的に動けとは言いません。それより、自分のペースを大事にして、無理せず進めることが大切です。

一番もったいない時間の使い方は、「悩んで何もしない時間」です。人生には無駄なことなんてない、などとよく言いますが、起業準備においてはこの**「何もしない時間」こそ最大の無駄**です。悩んでいるくらいなら、人に会う、知識を得る、質問する、調べる、本屋さんに行ってみる、あるいは休息のために寝る。もし迷ったときには私のInstagramやYouTubeを見ていただき、何かのヒントにしてください。とにかく指先だけでも動かしてみましょう。

休息も大切です。むしろ集中して休憩するようにしましょう。おすすめは、**少なくとも2週間に一回は「何もしない日」を作ること**。それから、2ヵ月に一度ぐらいはスマホを一切触らない日を設けるのもいいと思います。散歩をして自然に触れたり、温泉やサウナに行ったりして、全てを忘れる時間を持つ。こういう時間も大切にしてください。

STARTING a BUSINESS

096

起業すると自分が変わる

振り返ってみると、サラリーマン時代の私はまさに「承認欲求の塊」のような存在でした。自分への評価や置かれている環境など、何もかも納得がいかず、常に不満を抱えていたのです。周囲との軋轢もひどいもので、特に上司に対しては意見を述べることが多く、そのたびに煙たがられていました。応援してくれる先輩や後輩もわずかにいましたが、最終的には完全に孤立してしまいました。

そんな会社員生活を送りつつ、家に帰れば、そこでは小規模ながらも自分のビジネスをしている事業主でした。会社で感じるような窮屈さや不満は一切なく、ありがたいことにお客さまから「先生」と呼んでいただけることもあり、承認欲求は満たされていきました。自分を中心に回る世界、その楽しさ、幸せを堪能していました。

多くの会社員は、変わらない組織、理不尽な命令、納得のいかない評価などに直面すると、「諦める」ことを選択してしまうでしょう。私も、「ビジネスの天才」や「未来の社長」と自称する人たちに囲まれていたので、社内では死んだ魚のような目をしていたと思います。しかし、**ひとたび自分の仕事に向き合うと、もっと成長したい、もっとスキルアップしてお客さまのために頑張りたい、という前向きな気持ちになれた**のです。

私が起業支援をするようになったのは、昔に比べて少なくなったとはいえ、まだまだパワハラを受けたり、生活のために自分を押さえつけている人たちがいるからです。そんな方々に、**「人生にはいろんな選択肢があるんだよ」**ということを伝えたかったのです。たとえ学校を辞めても、会社を辞めても、いじめに遭っても、挫折しても、人生には次のステージがあって、そこから必ず復活できる。そういう選択肢を示したいという思いが、私の原動力でした。

起業すると、自分を中心にした世界を体験できます。そして、自分が満たされると、不思議と人のためにもっと何かをしたくなってくるのです。人を蹴落としたり、悪口を言ったりしている暇なんて、1秒もありません。心のコップは幸せでいっぱいになり、そこには1ミリのすき間さえないのです。

もし、あなたが今の会社員生活に満足していないのなら、起業してみてください。驚くほど、あなたが変わりますから。

STARTING a BUSINESS

097

お金をもらう罪悪感を消す

　会社員やパート社員、アルバイトとして働けば毎月決まったお給料がもらえます。言うまでもなく、そのお金は会社の売上から支払われています。そして、さらにその元をたどってみると、それはお客さまが払ってくださったお金にほかなりません。ですが、毎日オフィスに出勤して、口座に振り込まれるお給料を受け取っていると、そのことを意識することはありません。「会社のために仕事をしているのだから、会社からお金をもらって当然」と思っているからです。それはもちろん、その通りなのですが。

　しかし、自分の事業でお客さまから直接お金をもらうことになると、なぜか**「私がこんなにたくさんもらっていいんですか?」と躊躇してしまう**ことがあります。「お客さまのために全力を尽くし、満足してもらえたのだから、お金をいただくのは当然のこと」と考えればいいのに。多くの人がこの感覚をなかなか持てないのは、やはり慣れの問題でしょうか。あるいは、**「自分の価値」を自分で決めることの難しさ**なのかもしれません。まずは「お金をいただくこと」に慣れましょう。報酬はお客さまの満足の証しであり、その感謝の表れです。逆に言えば、**お金を受け取ることを躊躇するのは、お客さまの満足や感謝を否定することにもなりかねない**のです。

自分に対して劣等感を抱いている人や、人の気持ちに敏感な人、そして責任感がやたら強い人――そんな人たちは、自分の商品やサービスに自信が持てず、信じられないような低価格で請求したり、ついつい業務の範囲を広げてしまったりします。会社のお給料が月20万円だと「うちは給料が安い」と嘆くのに、いざ自分の事業で「月20万円でお願いします」と言われると、「え！　そんなにいただいていいんですか？」と驚いてしまう。もしこんな状態にあるなら、今すぐ考えを改めないといけません。とはいえ、長い時間をかけて構築された価値観はそう簡単には変わりません。魔法のような治療法が存在するわけではなく、**ただひたすら実績を積み上げて、お客さまに何度も喜んでもらう**しかありません。その積み重ねが自信へとつながり、気がつけば罪悪感が消えている。そんなものです。

それでもなかなか変わらない場合、同業者の似たような商品やサービスを購入してみましょう。ほぼ間違いなく、「え、こんな程度の内容でこんなにお金を取るんだ…」と思うはずです。

手作りカバンを売っていたKさんは「自分は趣味でやっているようなものだから」と言って、原材料費に少しだけ利益を乗せた5000〜10000円程度でカバンを販売していました。でも実際は、その「趣味のようなもの」という言葉は本心ではなく、**「高い値段をつけたら売れないだろう」という自信のなさが原因で、値段を上げられなかった**のです。

あるとき、お客さまとのやりとりの中で、そのカバンが「お受験の面接対策」として購入されたことを知りました。普段使っているものよりも、手作りのカバンのほうが先生方に好印象を与えられると考えたお客さまが買ってくれたのです。

Kさんは、そんな用途があるなんて思いもよらなかったのでとても驚きました。同時に、「そんな付加価値があるのなら、価格を上げることができるのでは？」と考えました。Kさんからご相談いただいた私は、「思い切って価格を大幅に引き上げてみたらどうですか？」と提案しました。そして、その金額を1万5000円にしてみるように助言したのです。値段を上げたことで販売数は減りましたが、生産能力とのバランスを考えながら価格を調整し、最終的には5000〜8000円で安定して売れるようになりました。

お客さまにとって必要なものは売れる。Kさんはその経験を通して大きな自信を手に入れました。その自信が、価格に反映されたのです。

STARTING a BUSINESS

098

結局、粘り強いやつが勝つ

起業家にとって何より大切なのは「継続する力」だと考えます。結局のところ、諦めずに変化し続けた人こそが、最後に成功をつかむのです。ですが、ビジネスの成否には、実は「タイミング」という要素も大きく影響しています。

例えば、自分のネットショップで全く売れなかった手作り品が、当時最先端のプラットフォームであったメルカリが登場したことで、売上が飛躍的に伸びたという例があります。また、スナックの片隅で細々と営んでいた占いが、ココナラというサービスの登場により、月に50万円以上の収益を上げるようになった人もいます。

検索エンジンやSNS、ポータルサイト、ECサイトなど、新しいプラットフォームが登場したり、既存のものが変更されたりすると、**ビジネスの勢力図も大きく変化します。**

また、新しい法律の制定や規制の緩和、新技術の発展、大企業の戦略の変更なども、私たちのビジネスの流れに大きな影響を与えます。

その変化のタイミングに、自分のビジネスがどれだけ注目され、新たな需要に引っかかるか。「タイミング」という要素が大きく影響しているというのは、そういうことです。

しかし、どのタイミングで自分のビジネスが注目されるのかは、分かりません。だからこそ、活動を継続して、チャンスがきたときには迷わずつかむことが大切なのです。何度も書いてしまいますが。準備が整っていないところに、チャンスは訪れません。

また、粘り強く続けているからこそ、見えてくるものもあります。お客さまから質問が寄せられたり、ほかの業者から問い合わせが来たり、ベンチマークしやすい競合他社が現れたりと、**情報が次々と入ってくるようになる**からです。

ビジネスパーソンを相手にコーチングを提供していたある男性は、細々とサービスを続けていましたが、クリニックで働く看護師さんがクライアントとして現れたことをきっかけに、そのクリニックと協力関係になり、生活習慣病の患者さんを対象に、規則正しい生活習慣を定着させるためのコーチングを提供するチャンスをつかみました。

起業に限らず、ブログもそうです。10年ただ書き続けているだけで「すごい」と言われることがあります。物事を続けると、それだけで信用が高まるのです。

STARTING a BUSINESS

099

起業は生き方、在り方そのもの

ワークライフバランスについて、内閣府では次のように定義されています。

「国民一人ひとりがやりがいや充実感を感じながら働き、仕事上の責任を果たすとともに、家庭や地域生活などにおいても、子育て期、中高年期といった人生の各段階に応じて多様な生き方が選択・実現できる社会」

ワークライフバランスが注目されるようになってかなりの時間が経ちましたが、実際にはどの程度浸透しているのでしょうか？　２０２０年のレポートによれば、週60時間以上働く労働者の割合は２０１１年から徐々に減少し、２０２０年には5・1％となり、２０１１年の約半分にまで減ったことが分かります。また、年次有給休暇の取得率も２０１９年には56・3％に達しています。このことから、ワークライフバランスは確実に浸透してきていることが分かります。しかし、私は、こと起業においてはワークライフバランスという概念が当てはまらないと感じています。そもそも、ワーク（仕事）とライフ（人生）は対立するものなのでしょうか？

実際に起業している人ならお分かりかもしれませんが、**起業はまさに人生そのもの**です。こう言うと、会社員の人からは「昭和か！」と言われそうですが、実際そういうものです。「そうなってしまう」といったほうが適切かもしれませんが。

「平日は仕事をして週末は完全オフ」「18時に仕事が終わる」といった感覚も、この世界にはありません。こう言うと、「メリハリがない」とか「ワーカホリックだ」といった声が聞こえてきそうですが、楽しいことをしていると、「仕事」と「それ以外」でバランスを取ろうとする価値基準から解放されます。「ワーク」と「ライフ」の壁がだんだん溶けていき、融合していく。そんな風になっていきます。

私も、偉そうに本などを書かせていただいていますが、正直なところ、こんな働き方をしていて、いつまで事業を続けていけるのかは分かりません。これから先も食べていけるかも分からない。明日にはダメになってしまう可能性だってある。それでも、こんな人生を選んだことを、1ミリたりとも後悔していません。

私は、世の中が起業家であふれてほしいとも思っていません。労働生産性を高めて日本を元気にしたいなど、考えたこともありません。

ただ、**「やりたいならやってみたら?」**とは伝えたい。そして、**「あなたにもできるよ」**とも。

やりたいことを納得いくまでやる。お客さまのために考え続ける。判断は全て自分で下す。成果は全て自分のものになる。その成果は、多くの仲間や助けてくれる人たちと分かち合うこともできる。

学歴や職歴も関係ない。いじめを受けた過去があっても、うつ病で苦しんだ時期があってもいい。誰にでもチャンスがある。どんどん成長して、またチャレンジしたくなる。

起業はテクニックじゃない。生き方、在り方そのものです。

STARTING a BUSINESS

100

起業に成功も失敗もない

最後に、こんな話をさせてください。

私は、起業には、究極的には**「成功」も「失敗」も存在しない**と思っています。

何をもって成功とするのか——お金でしょうか、自由な時間でしょうか、それとも家族の笑顔でしょうか——それは人それぞれであり、その基準は全て個人の主観によるものです。

また、その判断をいつ確定させるのかも、誰にもはっきりとは分かりません。たとえ命を失ったとしても、自分の意志や想いが誰かによって引き継がれていくのであれば、それはまだ「結論が出ていない」と考えることもできます。

事業を続けている限り、今日はうまくいっていても、明日にはどうなるか分かりません。

起業家は、もちろんリスクに備えていますが、それでも、常にどこかで転落する危機感を抱えているものです。天災や戦争など、世の中には自分の力ではどうしようもできないことが数多くあります。それでも、やれることをやり、後は天に任せる。私たちには、結局それしかできないのです。

成功するならやる、失敗するならやらない。

そんなふうに考えて立ち止まるのではなく、一歩前に進んでみませんか？

結論なんて、最終的には自分の都合で決めればいいのです。少なくとも、私自身は仕事を続けている限り、**まだ「試合の途中」にいる**のだと思っています。勝ち負けを判断するにはまだ早すぎますし、試合を始めることなくただ時間だけが過ぎていくのは、何よりももったいないことです。

ただ、事業や自分自身が昨日より少しでも成長し、一人でも多くの人の人生に変化をもたらすきっかけになれたらと思っています。そのために、これからもできることから少しずつ取り組んでいこう。思うことはただそれだけです。

おわりに

本書では、この少子高齢社会において、今を生きる私たちが考えなければならない「お金」や「生き方」、そして働き方の選択肢となり得る「起業」についてご紹介してきました。

起業は一人ひとり異なります。手持ちのお金や人脈、時間といった条件がそれぞれ違う。だからこそ、「こんなときは、こう判断する」「こんな場合は、こういう気持ちを持つ」といった、今のあなたに必要な「軸」となる考え方を中心にご説明してきました。中には、地味な精神論もあったかもしれません。一般的なマーケティングや集客の話とは異なる視点の話もあったかもしれません。ただ、それらは、あなたにも未来の起業家として、先人たちと同じ過ちを繰り返さないために、知っておいてほしいと思ったことです。

本書をお読みいただき、「自分もやってみようかな」「家族のために、もう少し挑戦したいな」と思っていただけたなら、ぜひ、最初の一歩を踏み出してみてください。お金がなくても、時間やスキルがなくても、人脈がゼロでも、頭の使い方次第で何とかなる。そんな現実があることを知っていただけるはずです。案ずるより産むがやすしです。

起業から得られるものは、収入だけではありません。やりがい、充足感、信頼できる仲間、そして大切な家族の笑顔もその一部です。社会にも貢献でき、「ありがとう」をいただきながら、生涯現役で、自分のペースで働くことができます。

本書に書かれた内容は、あなたが実際に行動をすればするほど、後からじわじわとしみ込んでくるはずです。何もしていないうちは、今ひとつ響かないことも多いでしょう。そんな方は、早く行動に移して、こっちの世界に来てください。

また、あなたのステージに応じて、心に残る箇所も変わっていくはずです。何度も繰り返し読んでいただき、ご自身の成長を確認してください。

本書でご紹介したノウハウや考え方は、起業準備の基礎の基礎であり、全体のほんの一部に過ぎません。さらに細かいノウハウや自分の場合はどうかなどを知りたい場合は、起業18フォーラムのホームページをご覧ください。

起業18フォーラム

最後に本書の編集を担当してくださった総合法令出版の市川さん、編集協力をいただいた宇治川さん、そして、本書をお読みくださった全ての皆さまに、心からの感謝と御礼を申し上げます。

令和6年11月

新井　一

新井一（あらい・はじめ）

起業 18 フォーラム代表

延べ 6 万人の起業したい会社員と向き合ってきた「起業のプロ」。1973 年生まれ。会社員のまま始める起業準備サロン「起業 18 フォーラム」主宰のほか、起業家向けマーケティング支援などを行う。

特徴は「人生を変えたい」と願う会社員はもちろん、自立を目指す主婦からニート、フリーター、落ちこぼれまで、起業とは程遠いと思われがちな人材を一発逆転させてきたこと。

主な著書に『起業がうまくいった人は一年目に何をしたか？』（総合法令出版）、『会社で働きながら 6 ヵ月で起業する』（ダイヤモンド社）などがある。

起業 18 フォーラム
https://kigyo18.net/

Instagram
@hajimearai

X（旧 Twitter）
@happy_brains

起業神100則

2024年11月20日　初版発行

著　者　新井一
発行者　野村直克
発行所　総合法令出版株式会社
〒103-0001 東京都中央区日本橋小伝馬町15-18
EDGE小伝馬町ビル9階
電話　03-5623-5121
印刷・製本　中央精版印刷株式会社

落丁・乱丁本はお取替えいたします。

ISBN 978-4-86280-971-1
総合法令出版ホームページ　http://www.horei.com/